人间开眼

日本文化病理学

汤祯兆／著

生活·读书·新知
三联书店

图书在版编目（CIP）数据

人间开眼：日本文化病理学 / 汤祯兆著. —北京：
生活·读书·新知三联书店，2015.1
ISBN 978 – 7 – 108 – 05081 – 6

Ⅰ.①人…　Ⅱ.①汤…　Ⅲ.①现代文化 – 研究 – 日本
Ⅳ.① G131.32

中国版本图书馆 CIP 数据核字（2014）第 142254 号

责任编辑　李静韬
装帧设计　薛　宇
责任印制　卢　岳
出版发行　生活·讀書·新知 三联书店
　　　　　（北京市东城区美术馆东街 22 号　100010）
网　　址　www.sdxjpc.com
经　　销　新华书店
印　　刷　北京市松源印刷有限公司
版　　次　2015 年 1 月北京第 1 版
　　　　　2015 年 1 月北京第 1 次印刷
开　　本　850 毫米 ×1092 毫米　1/32　印张 7.75
字　　数　130 千字
印　　数　0,001 – 8,000 册
定　　价　36.00 元
（印装查询：01064002715；邮购查询：01084010542）

世界の
ラジオ会館
秋葉原
免税店
DUTY FREE
AKKY
ONE
HOBBY BASE
Yellow Submarine
5F
4F
秋葉原ゲームショップ
G-SHOP★ミント
TAX FREE
APPLE
& PACHINKO

目 录

第三编

光影张瞳   163

序一

汤祯兆的日本文化病理学

陈国伟（中兴大学台湾文学与跨国文化研究所副教授）

其实为汤祯兆写推荐序，对我来说是有如做梦一般的事。为什么会这样说呢？因为在很长一段时间里，他的日本书写，于我有着相当大的启蒙意义。

那是约莫上个世纪即将结束的时候。虽然我跟其他同时代的人一样，在1990年代的初期，就因为《东京爱情故事》《101次求婚》而开始对日剧着迷，但真正让我全身投入，还是因为在世纪末之际看了野泽尚编剧、中山美穗与木村拓哉主演的《沉睡的森林》。而且，由于《沉睡的森林》是太杰出的推理剧，它不仅引发我对日本电视工业及文化的高度兴趣，也唤醒了我沉睡已久的"推理魂"。

从世纪末走来

在当时，台湾有不少BBS站，群集着日剧迷分享观影心得，然而对于正在念硕士学位，开始试图以更理论化、脉络化的"研究"眼光来看待日剧的我来说，其实更期待着具有观点与思辨性的评论。就在这时，我邂逅了汤祯兆的"文字欲"网站，在其中读到了"野泽尚的反乌托邦主义"、"森林的另一重看法"，以及关于野岛伸司、三谷幸喜、北川悦吏子等编剧的评论，让我不禁有醍醐灌顶之感。

而随着我接触"文字欲"网站愈深，愈发现汤祯兆对于日本文学、电视、电影、动漫与次文化知识的渊博，以及相关历史脉络的熟稔，在"文学部"、"电影院"、"漫画坊"这些栏目的文章中，他为我们建构了关于日本文化知识的全方位图谱，跟随着他犀利的眼光，我们一步步进入这些文化生产的内部，照见了那隐身在表象之后的文化意义。

正如他曾评论野岛伸司《世纪末之诗》时使用的标题，这正是我对日本文化最初、也是最原始的"世纪末的震撼"。

在互映的病理镜像中

创造出推理史上经典的福尔摩斯探案系列的柯南·道尔，曾在名侦探登场的第一本小说《暗红色研究》中，借由华生医生列出了一张福尔摩斯"知识界限"的清单。我常常想，若也要为汤祯兆列出一张这样的清单，那必然是一项浩大的工程。

光拿这本《人间开眼》来说吧，他触及的议题就包括日本社会问题的"余裕世代论"，流行音乐与偶像文化的AKB48，次文化中的动漫《新世纪福音战士》、御宅族文化与铁道迷；日本文学中的两个村上——村上春树与村上龙，推理小说作家东野圭吾、桐野夏生、伊坂幸太郎，以及轻小说、棒球小说等；此外，还有大岛渚、若松孝二、森田芳光、新藤兼人、山田洋次等导演作品，以及类型电影的恐怖片，甚至AV成人影片产业。而这些议题组构的，是一个横跨文学、电影、社会学、文化工业和运动的全景式档案学，而这正是福柯（Michel Foucault）认为最理想的图书馆式知识景观。

然而汤祯兆真正的关怀，不仅在于展示这样丰富的知识景观，他更将这些文化现象当作是观察日本的"病征"。正如他在《人间开眼》的自序中所言，自《整形日本》《命名日本》《日本中毒》这一系列的书写以来，他一直想探究日本文明病变的基因，试图将反映在日本文化现象中的种种情形，当作社会问题的预警参照对象。而这种思考取径，其实颇为接近法国马克思主义哲学家阿尔都塞（Louis Althusser）提出的"症状式阅读"，也就是针对文本背后的深层结构进行探索，挖掘那些隐藏在社会集体潜意识中的沉默话语。

所以我们会看到在日本后"3·11"的文化生产中，汤祯兆观察像村上春树新作《多崎作》虽然表面上似乎毫无关联，但实质是一个后"3·11"国族灾难寓言，村上在其中对于日本人安于受害者意识以躲避责任意识，都作了相当程度的重省。而跨越1995年阪神淡路大地震与2011年"3·11"东北大震灾"震间期"的"新世纪福音战士"系列，在最新剧场版中如何反映创作者在日本近代经济与社会巨变下，对于修正历史的欲望。但与此同时，聚集所有镁光灯的AKB48总选举，通过表面上的民主化动员，实质是在召唤社群媒体"扮演上帝"，在这个自我满足的可视化过程中，极有可能是再一次的现实逃避。

而同是文学作品，但显然不同的"病征"指向不同层次的问题。桐野夏生的书写取径，召唤日常人际关系的崩坏与重构；东野圭吾小说中特殊的受害者复仇观，凸显的是日本法律、人权与社会正义的危机；而轻小说引发的对于"作者"、"原创性"及阅读感性的反思，还有以"在此世上生存找不到意义"与"不明白真正的自己"等意识为作品核心的小说家世代（如佐藤友哉及舞城王太郎），极可能只是响应了他们自身世代的困境，不仅不能与1995年以来的日本社会情境有所对应，更与轻小说掀起潮流的2000年代的后现代情境严重脱钩。

就电影而言，汤祯兆则深入论述大岛渚电影的时代意义与历史价值，在于作为一种社会运动，进行了关于学运神话的反省，冲撞日本社会的性伪善风气，以及向官方权力体制提出最犀利的控诉。而若松孝二则是以色情、革命与暴力的影像，大胆挑衅国家机器的禁区，强化电影能够拥有的政治性。至于山田洋次的新作《东京家族》，则是在小津安二郎的《东京物语》外另开新局，通过家庭关系的死生重构，回应了当代日本的重大变局。

其实一如福柯在《临床医学的诞生》中指出的，现代医学其实是以地理学的方式来再现身体的内在秩序，因此疾病的起源与分布，便是在这样"可视化"的空间图景中被显影。也因此，我们可以这么说，汤祯兆其实是将"日本"这个国家身体，同时通过严肃具艺术性的文学与电影，以及大众流行的小说、动漫与偶像文化，多组不同的镜像相互映照，再现其间相互交涉与纠结的脉络，梳理"病征"的起源与演化，竖立他独树一帜的"日本文化病理学"论述。

南方的眼神

回顾近一百年来，日本文化在整个东亚一直扮演着强势的角色，不论是 20 世纪初期因为领土扩张，通过殖民政治框架的现代文明输出，或是后半叶流行文化的跨国传播，从艺术性的严肃文学到最流行的动漫与次文化，无一不是在东亚各国所向披靡。也因此，理解日本成为重要的任务，不论是生活实感的日常性介绍，或是历史文化性的批判，都展现出不同想象日本的方式。而在华人文化圈中，更不乏有出身或定居于日本的书写者，提供着各种"猎奇"式的认识，让日本在展现高度全球化的前卫面貌的同时，却又难以避免地掺杂着异色的情调。

正是在这样极端冲突的奇观风景中，我认为汤祯兆提供了极具价值的观视与书写。因为他通过这些文化现象，不仅跟大陆读者，华文圈的台湾、香港读者对话，更是隔海与日本当代的思想家与文化评论家对话。像他谈论 AKB48 的流行与可爱化现象时，分别与宇野常宽2013 年甫出版的《日本文化的论点》、滨野智史《前田敦子超越了耶稣基督——作为宗教的 AKB48》、古贺令子《"可爱"的帝国》、四方田犬彦《可爱论》对话，更是好好地批判了田中秀臣的《AKB48 的格子裙经济学》。论述御宅族与铁道迷的精神景观时，也引述斋藤环《战斗美少女的精神分析》，以及辻泉（Zumi Tsuji）"Why Study Train Otaku? A Social History of Imagination"与 Alisa Freedman 的 *Tokyo in Transit: Japanese culture on the rails and road* 的观点，厘清了御宅族与狂迷在概念上的差异，及其不同的演化史与议题性，向华文读者提供理解的最适切脉络。其他还包括谈轻小说的大冢英志、东浩纪，谈棒球小说的斋藤美奈子，谈日本电影的佐藤忠男、松岛利行以及专论恐怖电影的 Jay Mcroy 等，都可以看出其对话的高度。

的确，与其他猎奇式信息渲染的华文书写者大相径庭，汤祯兆对于当代日本思想界与文化评论界的高度掌握，让他的书写突破华文圈书写者的局限，展现出曾在东亚扮演文化输出重镇的香港文化评论者所具有的对话性与反省动能。而即便是我所知的华人学术界，能够同时具有历史与文化脉络的理解深度，但又能这么快速掌握日本当代思想，以最先锋且全面的文化现象来对话的学者，其实也是少之又少。

而这，正是汤祯兆的日本书写，最值得珍视的价值所在。

序二

万花筒与七巧板的华丽缀合

洛 枫（资深文化评论人）

　　一直有朋友问我，那么沉迷日本的动漫、文学、电影、剧集和时装，为何不学日文？而我总会懒洋洋地回答，因为有汤祯兆嘛！是的，认识阿汤是在文学创作的青涩时期，彼此分享和鼓励对香港文学的关注和阅读，然后在青涩长成青葱的岁月里，慢慢变为另类的依赖，依赖他一本又一本关于日本文化、文学和电影的书。从最早的《拜物图鉴》、《日剧美味乐园》，到后来越见精密辽阔的《乱步东洋》、《AV现场》、《整形日本》等等，为我和读者持续不断地勾勒日本文化各个层面的发展变化。

"在地"与世俗的风情

　　精通日文的汤祯兆常常浪游日本不同的城市和地区，文化知识的累积结合现场的体验和观察，使他写出跟其他日本研究学者很不一样的文字。首先，他免除了一般学院或学究沉闷、四平八稳的书写，而是充满世俗生活的体认，这一点对于介入日本流行文化来说尤其重要。只有这种入世的观点、真实的置放才能看出"在地"（当地）的风景，才能深入声色繁华的底蕴，揭出表面不易堪破、内里不为人知的深层面相。其次是长期浸淫在日本浩瀚的文献、书本与影像之中，汤祯兆的书写也很"日本风"，带有"目录学"分门别类的论述架构、犹如推理小说那样层层归纳、演绎的叙述，以及动漫的激情与鼓动人心，看得人沸腾。在翻阅书页的过程中，恍若置身立体的场景，跟着线索走，看着地景的飘移，或进入奇幻的剧情，"文化阅读"被他织缀而成有血有肉、富于个人情感的图鉴，我们一边按图索骥、历险重重，一边乐在其中……就像手中这本《人间开眼》，既是关于小说也牵连影像的对照，在个人熟悉与不熟悉的名字和文本之间，阿汤恍如万花筒的展示，带给我熟悉的陌生化、陌生的熟悉感，万紫千红之中灵光处处。

作家群像与类型文学

万紫千红的《人间开眼》的确具有七色光华：第一层是绘画了当代日本小说的作家群像，从三岛由纪夫、村上春树、村上龙到东野圭吾、伊坂幸太郎、向田邦子、桐野夏生等，难得的是论者没有预设的眼光，严肃与流行的简化二分，以共冶一炉的笔法勾勒作家之间的传承、对比和影响，这一堆响亮的名字本身已是一张值得推荐的书单。

第二是花影缭乱的"类型"（genre）阐释，读着阿汤描述或分析的众多名目，像"妖怪治愈系"、"老人文学"、"个食"与"合食"的时代、"团地妻"、"贫穷小说"、"魔法少女系"和"酒店小说"等等，林林总总让人目不暇接，打开了前所未有的好奇与趣味，这些作品有些读过有些还是第一次听到，即使读过的也从没有以这样的角度和类型切入。

阿汤的阐释提供了跨进文本的另类出口与入口，而在"出口"与"入口"之间，他郑重地提出阅读"类型文学"的窍门："作为观众如果明白流行小说的构成法则，便可体会在混种类型的复调交鸣下，每一种类型的基因其实一方面在丰富阅读趣味，但同时也在转移及左右读者的注意力。"这番言论通透极了，一语道破"类型文学"的伎俩与特性，是很了然于胸的研究方法，值得借用和学习。

文本与影视的对读

第三是小说与影视改编的对对碰，对照彼此共通或不同的形态与视域，其中许多知名的作品原来早就有不同年代的电影或日剧搬演，真想全部给找出来，对照着看呐。当中看得我手舞足蹈的是他花了不少篇章分析东野圭吾的小说及其影视改编，包括最受欢迎的"神探伽利略"

与"加恭贺一郎"系列，触及的议题有东野推理小说的写作风貌、隶属的派别以及破格的混合书写，"探案小说"兴盛背后的社会景观，像父与子的"赎罪"伦理、人际关系的崩坏、将个人偏差行为合理化或诿过他人的病态心理、物质与人欲横流的渗透，等等。一方面探索小说的类型脉络，也一面深入社会的文化语境与困境。

此外，汤祯兆比较东野影视改编作品的得失成败，长篇小说如何难于被浓缩删剪在电影有限的定时里，他甚至以松本清张的作品作为例子，印证一部电影的成功改编，应该不囿于原著框架，必须显示导演和编剧突破体制的艺术与文化视野。

另一个引人入胜的文本与影像对读是安倍夜郎的漫画《深夜食堂》，讨论绘本的技法怎样像将人物的生命、机遇与个性"定格缩影"，通过微细的日常琐事装载幅度流转的人生层面，阶级、年龄、性别好性向犹如浮世绘一般，让读者或观众历历在目，也过目不忘；然后阿汤也借"食物"谈世情，将《深夜食堂》连接其他相关的类型一起并置，浮现"食物地志"，内里有记忆、人文关怀、故居与故人的情愫等等，架起了一幅又一幅幸福或辛酸的生命风景。

文学与社会的拼图

第四是文学与社会恍若七巧板的拼图，包括小说类

15

型的历史文化脉络，各式人物的社会因缘，东京与大阪的推理地景，从三岛由纪夫到木村拓哉在男体线条上的美学发展，村上春树如何扣连大阪地震与地铁沙林毒气事件之间的灾难共振，漫画《深夜食堂》的异色众生相，日本文化跟政治、战争和民生的关系，青春与校园文学浮映的家庭离散与教育失陷，郊外文学的城乡对立，粉领族故事与贫穷小说的女性处境与经济剥削等等，活像一本日本社会百科全书，从小说的阅读窥探不同阶级、社群的生存形态。其中尤以庶民的生活图景最为核心散射，因为那是最富于存活矛盾与人性冲突的所在地，也是众多日本当代小说家念兹在兹的写作命题。

香港的浮世身影

　　第五是香港身影的借镜返照，汤祯兆在缕述日本文化的诸种问题时，总会暗藏笔锋，让"他城"的魅影折射"我城"的鬼影。例如他在讲述日本生活笼罩的阴郁既来自不安定的暴力氛围，也源于社会体制的错失，因而营造悲凉的现实让人无处逃避。此外，他从连串"无差别杀人事件"谈到异端宗教带来的冲击如何腐蚀世道人心，结尾的段落不忘暗喻，香港政治权力的暗影也在四周萦绕，一座香港城，在乌云密布之下变成了浮城。
　　又如他谈及失踪儿童现象的社会因由，如何根植于家庭解构的解体，经济滑落后成人世界的飘无定所，以及公民意识和公共空间的没落等，从中思考香港相似的处境、状况，批评曾发生村屋家长投诉学生课外活动造成滋扰的案例，不无感触。阿汤的用词洋溢切肤之痛，体现作者从日本社会、社群的病况望闻问切香港同样堕落的根源，求不得治理或改变的良方，却只有"他朝君体也相同"的慨叹。

文化研究的故事演说

最后是汤祯兆借"文化研究与阅读建构"说故事的技法。他曾说，"我喜欢向田邦子远高于张爱玲，正因文本中所见的尽是凡人，而不是聪明人的机关算尽、挖空心计，而且作者对当中人物均不缺同情心"，又说小说中随处可见的温婉"正是我们身处的世道人间"。这些几近自白的文字道出阿汤个人的阅读与处世方向，所以即使在道说日本很黑暗的世代、很残酷的人性，他的笔触还是带着温煦、理解和宽和，有时候甚至不经意间流露一点自我嘲讽的幽默感。

《人间开眼》为我们打开了观照日本文学、文化层层叠叠的窗户，窗内飞扬的视点带着温度与厚度，窗外流动的景致像绵延无尽的火车旅程，一幅接一幅仿佛看之不尽，看过的便不会忘记，没有看过的总被勾起寻寻觅觅的心瘾难耐。于是，假如仍然有人孜孜不倦问我为何不学好日文，我还是会喜洋洋地回答说，因为有汤祯兆嘛！

自序

为什么书写日本

从来也没有想过日本书写会一本接一本撰写下去，
屈指一算，已经不下十数本，于是不期然要问：真的有需
要吗？如果日本书写只数手段，那么，背后的终极目的又
是什么？

其中当然不可能是穷尽日本的介绍，除了囿于个人
的识见视野与兴趣流向，那根本就是不可能的任务。更重
要的，凡属认真的撰作，必牵涉主客双方的互动。客观上
自然指涉日本书写的对象，由社会现象延展至如本书中的
动漫、小说、电影以及流行文化其他现象。主观上就是作
者的个人观照角度。在媒体上可见的比较文化撰作中，两
者的关系往往会失去平衡，"客大于主"就会出现不具名
的搬字过纸式抄录译写；"主大于客"则出现部分内地作
者由上而下式自我膨胀的指点目光——当然，很明显都不

是理想的文化互动结果。

有一阵子，我把日本书写的定位集中在文明病的审视上，简言之就是把日本的纷陈社会变化，作为一种社会问题的预警参照对象，令读者可收警惕之效果。那其实是另一种"主大于客"的撰作方针，希望从日本书写的对象中，寻找我们关心的直接对应物，背后功能性的心态浓厚，离不开问题解难的便捷构思。

这当然有其重要性和时效性，但一本接一本写下来，我发觉，所谓"文明病"的核心一旦外露化，呈现于社会现实中，其实已属开花结果的最后阶段。一般而言，蕴藏病变的潜藏因子，最丰富的存库就是流行文化。

今天我把日本书写的范畴锁定在小说、动漫及电影上，正是企图去发掘隐性的文明病变基因，而且，也尝试把"主大于客"的窠臼还原至主客平衡的互动状态，希望可以循此而建构另一日本书写系列的脉络。

如果探查社会现象的文明病况三部曲《整形日本》、《命名日本》和《日本中毒》是"外编"，那么，我深信，《人间开眼》及由此肇始的日本系列书写将属于"内编"。

感激陈国伟及洛枫的推荐序言，写作从来都需要知音的回响，好让作者得以步履坚实地继续毅行四方。

第一编

人
间
开
眼

御宅族的精神分析

今时今日谈御宅族，的确面对不少困难，一方面它的普及程度就算称不上深入，但也肯定早已植根于其他文化圈中——英文中的"Otaku"相关网页数以万计，华语地区由"阿宅"到"毒男"衍生的命名不胜枚举，那绝对有迫切性去切入剖析一下族群的属性。但我所面对的问题是，大家虽然在应用及描述御宅族，但因为原来的含义及用法，与海外所发展出来的脉络肯定有同有异，再加上即使在日本国内，关于御宅族的论述及正名，其实也有各家各说的学派，此所以更加容易堕入五里雾中，往往有见树不见林的感慨。

御宅族 VS. 狂迷

我在"御宅族的本地研究"（收录在《日本进化》，

中国人民大学出版社，2013），早已尝试探究以上的问题，但对照的焦点仍以日本与港台为主，对内地面对的御宅族疑惑，可能仍有需要追寻下去。对一般人而言，尤其是在流行文化的传扬仍不算普及化的内地来说，大部分日本流行文化的消费者大抵上都是以网络接收及消费为主。与港台习惯长年累月从固定影像频道、电影院、杂志文本以及网络等多渠道的并行消费模式不同，基于消费途径的"可视性"，所以即使对普罗大众而言，至少对御宅族不致一无所知，又或是怀抱过大的抗拒感，因为现实中不同店铺乃至电视频道的存在，不断提醒公众，御宅族的族群既广且阔，肯定构成了拥有庞大经济动力的实体市场。

反过来而言，内地因为御宅族消费模式的"不可视性"（不是熟练的上网族对御宅族一无所知乃至心存恐惧，其实也非意外反应），不少人往往会把御宅族视为针对某事某物的狂热分子，以狂迷（Maniacs）的理解角度来定位，而凡事涉及狂态，自然也会教人感到一定程度的不安、忧虑。

事实上，日本炙手可热的精神分析学者斋藤环，在《战斗美少女的精神分析》（株式会社筑摩书房，2006年文库版）中，已清楚把两者划分出来。他指出一般人时常把两者等同，当然从根源上而言不可能没有关系，但作者确信今天的御宅族正是从狂迷的大家庭中，应时代及媒体的变化而发展出自己的差异特质。他简单地举例，认为御宅族的对象物为动漫、电玩、轻小说、声优偶像、特撮（特效）及战斗美少女等；狂迷的对象物为邮票、相机、天体观测、昆虫采集乃至各式各样的收藏行为；而两者有可能的重叠对象为铁道、电影、漫画、科幻小说及模型等。

斋藤环想指出的是，以上的分类虽然不过依据个人观察而发，但他强调的是当中的虚构成分差异度。"狂迷"一词本来乃针对某些人沉溺于某物，却又不会带来任何实际利益的行径而发。但一旦与御宅族相较，狂迷、缱绻的对象大多涉及实体（虽然不"实际"，但仍属实体），这正是不少收藏家的特质，行径主要为兴趣娱乐而发，而非从经济利益入手。但御宅族的沉溺对象通常没有实体上的物质性，简言之就是不可以拿在手上。

此所以一般的狂迷，就以收藏者为例，他们往往以如何有效地把兴趣转化为某种程度的物质性作为相互比较的手段，所以收藏者会比较藏量的多寡、稀少性及珍贵度。以昆虫狂迷来说，单纯掌握稀有品种的知识并不足够，更重要的是竞相争逐稀有品种的标本，那才是狂迷的王道所在。但对御宅族来说，他们明白依恋的对象不存在现实中的形体，而拥有的广泛及深厚知识，其实对世界上的非我族类而言可谓全无意义。而且一般人对他们执著于以上的"无用"知识，甚至可能会不存好感，但即若如此仍享受在族群内的热情散发，成为一群反实体志向的虚构狂热分子。

对虚构的亲和性

斋藤环在界定御宅族的特质时，前两个特征正是对虚构内容的高度亲和性及利用虚构化的手段，将之当作拥有"所爱"对象的方法。他以"新世纪福音战士"系列及迪斯尼乐园作为正反说明的例证。前者是日本御宅族的宝典圣经，但动画在朝九晚五时播放，尤其是待到后者钻入心理分析及内心独白之后，其实涌现不少御宅族的反悖情绪。而最终回真嗣通过突然的内部自省，从而走出窘境作结，更加惹来大部分支持者的不满。斋藤环正好指出，他们的怨气并非表现在对庵野秀明的批判上，反过来是每个人努力去创作自己的"新世纪福音战士"故事，于是令动画的虚构文本突然骤增，大家一同在福音晴空中翱翔。与此同时，他也直陈世上不可能存在迪斯尼御宅族的"事实"，除了因为迪斯尼代表与日本截然不同的动画生产制作观念外，更强烈的壁垒是迪斯尼本身是一个明确的实体——它的历史、关联商品、著作权的彻底监督操控，构成了牢不可破的实体性——现实中成年男性除了与女伴一起，又或是为父、为师外，进入迪斯尼乐园早已成为生人勿近式的禁忌，究其实就是当中的想象虚构空间接近为零。

简要介绍日本学者对御宅族的精神分析脉络，旨在点明大家在应用"御宅族"一词时的混杂状况。在华语语境中，大体上使用"御宅族"一词时离不开与狂迷混糅的误会，于是很容易把两类人的精神病理纠合，而其实狂迷的现实针对性会较高，反过来御宅族倾向脱离现实。了解这一点后，对不同族群的相处及体谅，大抵也更安稳、妥帖。

铁道迷的前世今生

今时今日因为粉丝力量大，加上流行文化中的受众研究又成为显学，于是到处都看到不同作者"出柜"，对自己的兴趣加以颂歌、高扬，以示跟上潮流。而铁道当然也是甚为吃香的"出柜"对象，身为铁道迷好像早已披上光环似的，在芸芸御宅族的族群中，似乎也具备既是老大哥又光明正大的冠冕。早阵子《知日》（2012年10月）也推出了"铁道"特集，大抵也可说明铁道御宅族由彼岸到此岸的转移过程，至少成为可吸引中国读者眼球的视线焦点。

作为铁道迷的悲哀

只不过要在2012年再谈日本的铁道热潮，我倒不期然泛起逆向思考的冲动。眼前日本铁道热如果仍然存在的话，大抵理解的角度也应要有所调节，这正是在文化传承及挪用时需要注意的质变差异。日本中央大学的辻泉教授在"为何研究铁道御宅族？一种社会历史的想象"（英文版收录在 *Fandom Unbound: Otaku Culture in a Connected World*）中，便以一个"出柜"的铁道御宅族角度，去审视整个铁道迷的发展、起落和变化的过程。

辻泉指出在铁道迷的演化历史上，其实受冷待的时间多，成为风潮流向的美好日子反而不如媒体吹嘘般长久。在日本的战后日子中，在学校环境中受欢迎的男生，关键要素为与"真实"的女孩厮混，而绝非沉溺于"虚假"的土气、呆板的铁道模型。他引述社会学家见田宗介的分析，直陈火车本身就是少年成长过程中重要的想象载体。铁道迷数量在战后时空得以飙升，与政治上的挫败有直接的关联。事实上，对成长于战时的一代日本男性来说，加上自幼接受军事教育的熏陶，所以不少人首选心头好均是战舰及飞机。只不过因为日本于1945年战败，军事武器被压抑扫荡，于是铁道才得以替代品的角色乘虚而入。而随着日本火车的迅速发展及兴盛（子弹火车于1964年面世投入服务），于是铁道正好填补了想象媒体的真空位置，把战败的屈辱情意替换为铁道文化的高速起飞以及由科技进展带动奔向未来的光明想象。

但随着大众运输系统的日新月异发展，数十年后铁道文化的文明想象，很快便进入怀旧的时空阶段，简言之，就是由向前望变成往后看的想象媒介。70 年代后期开始涌现的"寝台列车"（bue train）热潮，正好说明在新干线版图不断扩展下，传统火车逐渐失去生存空间，于是一些仅用于长途线路上的通宵运行的寝台列车，便成为过去的幽灵，乃至成为幻灭想象的具体表征。一众铁道迷的追车族不断在月台等候寝台列车抵达的风光，正反映出铁道迷历时性的想象内涵变化。

尽管现实中铁道迷的市场及男女比例仍在不断作出调节，前者由生产著名的列车游戏"电车 GO"（1997 年第一版）到"萌化"的列车女孩模型出现（Tomytec，2005），已道出循虚拟化领域发展的趋势；后者也可见"铁子"（钟情铁道文化的女子）风潮的涌现。然而现实中铁道热开至荼蘼的现实，却是大家都不能否定的事实。辻泉更引述一名资深铁道迷的感慨，他认为火车再没有未来，它们完成了历史任务，除了在大城市外，于乡野地区只会逐步淡出及式微，甚至寄望到时自己已不在人世，以免伤感。撇开以上感伤色彩浓烈的忧愁，现实中的铁道文化已趋向朝整体的御宅族文化发展，举例而言，当它与"萌系"倾向合流后，那么铁道御宅族的本质还存在吗？这正是一干粉丝文化当道中，值得深思的问题。

夏目漱石的角度

　　如果我们再上溯至文学的世界去审视铁道迷的风潮，有趣的是甚至会得出截然不同的文字印象。Alisa Freedman 在"害怕火车的男生——大学生、火车创伤及国家的健康"（收录在 *Tokyo in Transit: Japanese Culture on the Rails and Road*）中，便以夏目漱石的小说《三四郎》（1909）为例，说明即使在被人以为是天之骄子的东京帝国大学生眼前，火车或列车同样是恐惧之物。小说劈头即以三四郎由家乡熊本出发，再辗转经山阳线上京都，然后驰向目的地东京。三四郎抵达东京，在夏目漱石笔下的第一印象是："三四郎在东京觉得惊讶的事很多。第一，电车铛铛地响使得他惊讶，而且铛铛响着的时候，有许多人乘降又使他惊异。其次，丸之内的金融区也使他惊异，尤其使他惊异的是无论去到何处，东京好像都不会终止的。而且无论走到哪里，木材及石头均随地可见。新房子在道路后几米后，而半毁的旧仓库则可怕地残留在前方。一切的东西好像均在破坏当中，而所有事物同样又好像在建设中，变动得甚为厉害。"

　　由铁路出发，结合首都的列车风貌，夏目漱石清楚说明即使在帝大生眼中，同样会手足无措。如果说铁道迷的成形是在日本战后（辻泉指出虽然日本第一个铁道

会于 1934 年在庆应义塾大学成立，但大部分其实均在
"二战"后乃至进入 60 年代的日本经济起飞期，才如雨
后春笋般涌现），那么也就是说，铁道文化其实在战前
同样也是以导向未知将来的恐惧幻想凭依。与上文提及
作为美好未来的科技文明想象正好构成对倒关系，成为
日本人心目中新旧交替的象征物，也暗含价值转换过程
中不可避免的传统崩坏冲击。

　　《三四郎》中曾描述主角亲眼目睹的一些电车及火
车意外，当中还包含自杀的个案——而利用现代文明的
象征物去了结自己的生命，作为隐喻已明确地点明，并
非每个人均可适应文明的高速变化，于是社会中的落伍
者便唯有以生命作为代价。如果我们把日本人对铁道的
感情，放在拉长的时间轴上来观测，大抵便可更立体地
掌握铁道迷的前世今生。

日本"余裕世代论"

要从世代论的观点切入当前的日本青年人的世界，首先涌现的名词就是"余裕世代"，指的是出生日期在1987年之后的一群，更具体的应指涉1987年4月2日之后出生的青年。用中国的世代分类就应该包含八〇后、九〇后两层，而从美国的分类来看则应属"Y世代"、"Z世代"，或名之为"新沉默世代"（the New Silent Generation），甚至可以涵盖面较宽广的"千禧世代"（Millennial Generation）。

余裕世代的背景

余裕世代是指接受日本于2002年开始推行"余裕教育"学习指导方针后受影响的一群，日本传媒会更仔细地辨识由1987年4月2日至1988年4月1日出生的为"余裕第一世代",而其后出生的则统称为"余裕世代"。由此可见,此世代的建立首先在于所接受的教育理念与前人截然不同。日本于1990年代出现严重的教育崩坏情况,援助交际、校园暴力、逃学常规化以及生徒欺凌等问题日趋普遍,由衷而言已进入失控的状况,中央教育审议会于90年代中期便积极于教育制度、课程规划的层面作大刀阔斧的改革。而余裕教育正是于2002年公布的由上而下的重大教育变革,简言之,就是一改日本过去强调灌输知识型的填鸭式教育方针,易做重视体验实践型的教育路向,具体方法是削减课时及科目内容(所有学校改行一周五天上学制),务求建立具备余裕的学校教育风气,云云。

余裕第一世代生于泡沫经济高峰期,但迅即面对90年代的"平成不景气",而成长期早已习惯情报化社会的生活模式。幼童期还可能受惠于泡沫的余韵,但中学生涯应该已充分感受经济下滑的实际影响,此所以一百元平价店以及优衣库等品牌,早已成为生活上不可或缺的消费凭依。当中半数人均可以考进大学或"短大"[1],毕业时大约为2010年,但甫出道就遇上就职冰河期的再

---

1 "短大",短期大学的简称,教育重点放在对进入社会后将直接运用的技能培训上,学制两年到三年。

来，所以同时亦有人称此世代为"新就职冰河期世代"[1]。2010年的有效求人倍率是0.52，是日本史上最低的数字（1998年就职冰河期的高峰期为0.53），即市场上招募人数为求职人员的一半左右，恶劣情况可想而知。而其后的余裕世代面对的情况也不见得有多大好转，所以传媒续以"超就职冰河期"来命名眼前状况。

总括而言，余裕世代成长于情报化社会的环境，自幼已孕育于传呼机及PHS[2]的氛围下，就学期遇上手提电脑普及风潮，随着网络爆发的趋势，Mixi、Twister和Facebook等社交工具也成为生活的重要元素，对通讯网络的依赖可谓已至沉溺的程度。而与此同时，因为经历泡沫爆破后长期的经济低迷，所以深受节约志向的价值观影响，与战后经济成长期出生的"泡沫世代"（1965—1969年出生）相较，所追求的也属于较为坚实的人生路线，倾向安定取向，女性甚至有强烈的全职主妇欲望。另外，由于目睹父母辈（泡沫世代）的消费失

1　日本的"就职冰河期"自1990年1月开始，当年股票及房地产价格暴跌，正式呈现泡沫崩坏的乱象。因此从世代论的角度而言，余裕世代的上一世代正是"冰河期世代"，指由1970年至1986年出生的一代，他们成长后正好要遇上就职冰河期的严重挑战。

2　PHS是日本自行研发的数字式无线电话。发射功率远低于一般的GSM移动电话，俗称"小灵通"。

衡终局，对环保乃至循环再用等环境议题也较为关注，
一改过去日本人以品牌消费为时尚及人生目标的取向。

余裕世代的变奏及发展

与余裕世代并行，而在日本作为同一世代的重叠用
语还有"新人类 Junior"及"泡沫 Junior"。前者因是"新
人类"（1961—1970 年出生）的孩子辈，有时候又会被
称为"新新人类"，指 1986 年至 1996 年出生的青年。而
他们被形容为"冷静的调适型"，因为在泡沫期被养育
成长，于是很早于儿童期已变为成熟的消费者。他们的
最大特征为一边展示适应社会规范的能力，不做反社会
的举动，而同时又能踏实地去消费。至于"泡沫 Junior"
则是指泡沫世代的孩子辈，约指 1990 年前后出生的一
群。三个世代论的名词互相交缠，这是日本媒体同时并
用的世代命名。

针对余裕世代而发，日本也出现不同的反响。部分
人如后藤和智便，以批判青年人作为著书立说的方向，
大力推荐今天孩子无能论的看法。简单而言，批评的声
音可分两个层面：一是学习能力低下，主因当然是学习
上减省课时及授课内容；另一方面是沟通能力欠佳，于

是被媒体塑造成为职场上的失败者。当然，两者其实均与世代自身没有必然关系，余裕世代毕业恰好面对上文提及新就职冰河期，自然难以在职场上有顺利、平坦的发展。而学习上的调节，因为也是由上而下的教育改革，根本就与世代自身没有关联，严格来说乃是上一代强加于他们身上，视之为白老鼠的一次教育解体实验，可惜在未见其利先见其弊的情况下，教育决策部门也迅即修正推出余裕教育的补完计划——脱余裕教育。

所谓的"脱余裕教育"，是指因 2002 年推行余裕教育后，日本的中小学均被批评出现学力低下的走向，而根据如 PISA 等的国际学力检定试的数据显示，日本学生学力确有向下滑的倾向，于是 2005 年便由安倍晋三首相主导，修订原来的学习指导要领，提出脱余裕教育方针。简言之，就是重新增加课时及授课内容的改革，而且连班级人数也由一班 40 人改为 35 人，不过已推行的一周五天上课制度则仍然不变。撇开成效不谈，政府此举变相认定了余裕教育的失败，因此连带令余裕在舆论中也往往被看成贬义词用，间接令余裕世代也无端背负了污名似的。尤其是在 2005 年及 2006 年日本频繁出现袭击流浪者案件的时期，媒体更动辄把余裕世代与犯罪者背景连接，作为蔑称的意图甚为明显。

"嫌消费世代"的变奏

刚才已提及余裕世代对消费行动甚为小心，不会再作无谓的浪费，就此方向而言，正好有人以"嫌消费（反消费）世代"名之。据松田久一的畅销作《"嫌消费世代"的研究》（日本东洋经济新报社，2009 年 11 月初版三刷）所言，日本国内每年收入在二百万日元之下的低收入层市民数量日益增加，令"嫌消费层"的人口不断上升。他们的最大特征，就是在经济不景气的情况有所改善及舒缓后，仍然不会增加自己的消费支出，令社会整体回复的步伐大为拖慢，甚至进入内需冰河期的新阶段。他所指的嫌消费世代主力以"泡沫后世代"（他界定为 1979 年至 1983 年出生）为基准，然后再以"少子化世代"（他界定为 1984 年至 1993 年出生）为辅说明，大抵与前文的余裕世代思维习尚相近。

松田指出他们由于成长期不得不面对主观及客观方面的打击，构成他们最明显的特征：就是对自身抱持劣等感，认为自己无论在身体、容貌、性格及能力等各方面均不如他人。尤其在就职冰河期的痛苦经历（不少人申请上百所公司却连面试的机会也没有），更加对社会整体趋向不信任——职场上什么事都早已内定，是人脉而不是能力主宰一切。再加上成长期在校园欺凌盛行的风气下长大，更加强化对外间一切（尤其是由校方及父母所代表的成人世界体系）及身边人事网络（由同学的负面印象衍生对人事的不信任态度）的消极、悲观情绪，于是产生一种世代性的储蓄风气。

松田久一正好指出他们的世代特征之一，就是没有特定目的用途的预备储蓄风气，不少人都渴望在三十岁前能储备一千万日元，但却非为买楼或是海外旅行的特定目的而发，只不过因为有储蓄在手才教人得以安心——换言之，嫌消费世代的集体潜意识就是缺乏安全感，而这一点正好是企业的大敌，因为更难诱使他们重新投入消费市场。

总括而言，余裕世代在日本可谓属生不逢时的一代，社会的经济成果早已被父母辈掏空，而他们面对的就是眼前百废待兴的烂摊子。与中国对照的八〇后、九〇后相较，性格属性上可能有一定程度的互通，如对网络的依存又或封闭、阴冷的倾向等，但社会条件与中国事事受惠于经济起飞的一代青年人，无疑有天渊之别。所以，余裕世代在日本肯定属行路难的一代。

由 AKB48 到"可爱"文化

近年看日本学者对自身文化的分析反省书籍，有时候会发现一种趋势，就是把一些当代的日本文化精神或现象的重要性，以一种似是而非、又或是一知半解的态度推演至不符现实的地步。

自吹自擂的日本文化

就以近年闹得热烘烘的 AKB 现象为例，在最近出版田中秀臣的《AKB48 的格子裙经济学》（台湾远流出版社，2013 年；日本原著为 2010 年作品）中，作者就把 AKB48 在国内受欢迎的运作模式，胡乱吹嘘为："由于 AKB48 采取锁定重度粉丝的模式，因此无论在全球或本地，都同样适用。易言之，无论在美国或法国，也都会和日本一样，形成消费 AKB48 的次文化。"以上自吹自擂，除了昧于客观现实的情况（不要说去进军美法，连拉杂成军的印尼JKT48及上海SNH48都成不了气候），更随意把《海贼王》《火影忍者》乃至70、80年代的偶像组合"粉红淑女"（Pink Lady）的输出历程加以肆意对照，来佐证"成功"例子，粗疏程度近乎匪夷所思。只不过，回头来说，最重要的就是背后自我感觉良好的幻觉，近年日本流行文化的活力大不如前，根本上与自身封闭的消费模式极有关联。这正是一种自我麻醉式的循环分析消费策略，即就AKB48在日本国内大卖的现象作出表面上的学理分析，其实是自定立场再引例支持来摇旗呐喊一番，于是流行文化生产者与评论家便组成一线，同样立于自吹自擂的注释循环消费中。一旦当他们的分析涉及与延伸至海外，就会出现贻笑大方的解读情况。

我特别对有自省能力的日本评论家或学者有多一份尊重及诚敬之情，因为那需要抗拒随波逐流的勇气，更重要的是忠言逆耳，要令自己文化圈内的国民警醒，明显要付出的"代价"更高。而古贺令子的《"可爱"的帝国》（日本方英社，2009）就是一本符合以上标准的著作。

"可爱"的迷思

提起"可爱"（kawaii，常见音译为"卡哇伊"），大家都知道这是日本独有的文化精神，而且于当世与各式消费文化结合，由时装服饰潮流乃至装帧设计文化纠合，产成庞大的消费效益功能及经济实利成果。

四方田犬彦探讨可爱文化的专著《可爱论》（日本筑摩书房，2006），早在2007年已由台湾的天下文化译成《可爱力量大》出版，关于可爱在日本文化中的历史脉络，乃至基本元素及特色都有整体上的涵盖说明。当然，因为可爱文化早已深入日本文化各个范畴，加上男女关注的视角始终有别，所以古贺令子在《"可爱"的帝国》中作出的说明，以时尚服饰潮流为主线，再加以强调女性的特殊身份，我认为恰好可以与四方田犬彦的《可爱力量大》起互补作用。

只不过我最想强调的，并非古贺令子可爱文化的资料补充，说到底那不过属资料爬梳整理的工夫，其他人也可以胜任。《"可爱"的帝国》令我留下较深刻的印象，在于她对可爱文化的自省角度——当大家都在吹嘘可爱文化的重要性，由精神层面乃至经济效益均好像有利无弊，加上又没有任何侵害性的元素，似乎不全面拥抱也难以自圆其说。

可是古贺令子在归纳了所有可爱文化的因素后，最后便提出它其实也是一种没有尊重意识的平面价值观。可爱文化本来是从强调理性及效率的成人社会规范中逃逸的价值观，但在演化过程中，当这种女性专属的文化还原至日常层面的体现时，于是一般女子冲口而出的"可爱？不可爱？"，其实就已经脱离别人的评价乃至努力审查的客观基准，而变成为一种极致的个人主义。如果用流行文化的例子来说明，那即是岳本野蔷薇通过《下妻物语》主人翁表达的价值观，也就是把社会构造上下关系的既存结构及价值标准，一概割裂、推翻判断。

"可爱"的柔性反抗

如果我们进一步看清楚可爱文化的精神结构，那其实是一种"回路"（自反）精神的体现。正如古贺令子所云，当一名女子对缝制的玩偶或小动物高呼可爱之际，那其实是一种移情式的自我肯定，即是对自己说可爱，这正是一种精神回路式的表现。故此对年长者或是怪异之士的一句"可爱"评价，背后反映的是把在上位者的属性，或怪异者的变异气息矮小化，从而带出一种权力位置逆转的精神胜利法。于现今日本社会仍常常处于弱者位置的女性，正是以可爱文化来对抗既有社会的等级化社会结构，通过向对象发出无差异性的可爱回应，表达一种颠覆性的企图。

当然，以上提及的"对抗"显而易见属柔性化的手段。而踏入 1990 年代后，可爱意识基本上已大规模、全方位融入日常生活的消费形态，逐渐出现一种与现实背离的自我消费倾向。可爱文化原始的价值观乃基于内向式的平和态度，对微型细小乃至弱小的对象，均抱持友好、喜爱的态度面对。但今时今日日本女性的可爱文化观，已经"进化"成与其关心他人看法，不如仅从内在感受出发的脱离现实的极端个人主义，把爱己主义推至顶峰。

是的，到这个地步，可爱文化原来的"可爱"本质已经更易，甚至成为自我封闭的手段，这也是日本文化出现所谓"岛宇宙观"的一种演绎角度。我认为面对及审视日本文化的当代图像，今天应该要脱离纯粹介绍的阶段，而是进入错综复杂的语境，去捕捉及理解问题背后的原貌。

由 AKB 重省经理人制度

在红极一时的日剧《家政妇三田》中，松岛菜菜子饰演的佣人三田，其中一项必杀技是随时可以滚瓜烂熟般背诵 AKB 成员的名字。我时常觉得 AKB 的造星计划，标志着日本流行文化"宅化"的新阶段——所指的不是 AKB 成员按宅男心仪的各种"宅化"条件（长腿、眼镜或是猫耳之类）去选角、营构团队，而是把日本流行文化过去主导东亚的营销及输出策略，变成一种自我封闭的循环消费模式，时代意义极为巨大。

我当然丝毫没有看轻 AKB 的吸金力，2011 年 6 月的 AKB48 决选，仍然可以轻易于传媒把核电阴霾扫走，除了歌迷会的成员以外，大家还可以凭购买第二十一张细碟《Everyday、发箍》去参与投票，结果一周之内售出了一百三十多万枚。选举仪式在武道馆举行，并由北海道至冲绳均有戏院银幕作现场直播，甚至海外如台湾及韩国等地也同步放送。在经济仍处于低迷阶段的日本社会而言，AKB 的确在娱乐事业的发展上，处于奔驰中的马车的位置，好让他者有参考模式依循。

AKB 的大茶饭

AKB 模式一直在海外行不通，甚至由衷而言连 AKB 自身在海外的吸引叫座力，与日本国内可谓有天壤之别。海外传媒或许也会凑兴吵嚷一下，但一旦看到实际上的经济效益，就可以知道 AKB 的海外影响力不甚了了。更为甚者，相信在海外热捧 AKB，也不难被人对号入座套上宅男帽子，因而令人望而却步。我想指出的是这固然与日本的社会气氛有密切关系，但更重要的是背后的经理人制度，某程度已经达到只手遮天的地步。日本狂迷或许认为，海外观众无力乃至无心细察欣赏 AKB 背后的构成意念及血汗，但其实易地而处，后者也大可理直气壮畅言，作为消费者为何要劳心劳力浪费时间及精力在不对劲的工场偶像上去。

这一点与日本经理人公司（事务所）把形象大于才艺作为 2000 年代的养成偶像首要法则有莫大关联——简言之，今天的偶像不仅用来推广产品及服务，更真实的一面是，她们压根儿是由公司推广的产品及服务"生产"出来的。

经理人公司的黑箱作业

　　要了解日本经理人公司如何只手遮天，先认识业界
生态及运作逻辑，这是基本的起步点，可是大卫·马克
思（W. David Marx）在他的日本经理人制度研究中，就
曾严正地指出，业界存在很多潜规则令外人难以看破细
察。表面上看来，日本传媒不是没有关于经理人公司的
资料提供，一般的周刊志以及八卦杂志，如 *Cyzo* 等，都
会报道一些相关资讯。而 Oricon 的唱片销量榜，电视的
重点音乐节目，如 *Music Station* 及 *Utaban* 等，都给人一
鳞半爪的概略印象，然而那当然与真面貌间存在着广阔
的鸿沟。

　　要明白日本的经理人公司运作真貌，首先要了解
背后左右大局的"系列"经营模式，其实系列建构早已
存在于日本各行各业中，泛指通过不同形式的结合，于
某一业界内构成互相依存的商业组织关系，而外人不
一定能够明白及理解。在经理人公司业界中，部分公
司会公开承认业界中的主从及子母关系，如 Topcoat 从
属于 Watanabe Production。但不少大公司如 Burning
Production 及 K-Dash 等，都不会公开与其他同业的关
系，只有行内人才知悉。表面上艺能界偶像好像繁花盛
放，来自不同公司良性竞争，可是背后不过由数大经理

人公司操控一切，他们决定哪一个艺人参与什么演艺计划，幕后黑手影响力至为巨大。

由于公司之间存在千丝万缕的关系，所以很多时候也需要通过利益输送来平衡账目，这也是泄露系列关系的黄金时刻。一般而言，不少小型的经理人公司，其实都是由母公司的员工开枝散叶经营，甚至连营运资金乃至签约艺人都是由母公司一力安排。一旦当艺人冒出头来，便往往会把艺人的出版权送给母公司作为回报，此举几已成为不成文的潜规则。以享负盛名的 Avex Trax 为例，旗下拥有强大吸金力的 Every Little Thing 及滨崎步等知名歌手，想不到也会把出版权送给 Burning Production，外界才得以从中窥探到两者的秘密关系。

试想想原来幕前偶像大部分都是由数个大公司掌控，那么它们就是真正的幕后玩家，可以随意置人于生死两界中，这正是可怕之处。

幕后黑手

日本经理人公司可以只手遮天到什么地步，大抵可以曾经红极一时的歌手铃木亚美为例说明。业界的潜规则是对不听话的艺人，以放在黑名单内，雪藏他们至干枯而死，这是非常常见的手段。铃木亚美的经理人公司 AG Communication 因为牵涉逃税丑闻，于是歌手通过法律诉讼得以解约，可是解约后却被业界全面封杀。她自行制作的唱片及产物，完全失去了曝光的渠道，所以就算属当红的艺人，也敌不过客观现实。铃木的人气急促下滑，直至 2005 年 Avex Music 再签下她，才得到重生的机会。

事实上，不仅个人层面不可能挑战业界，甚至连其他媒体往往也受到牵制而未能动弹。就以电视台乃至电台为例，表面上艺能节目的决策权在他们手上，但经理人公司其实才是幕后玩家。因为媒体需要一线红人来争取收视率，加上日本的媒体竞争激烈，不同电视台及电台均常处于作战式的对立状态，所以手上拥有大量不同档次艺人的经理人公司便拥有生杀之权。通常以让一线红人上节目，换取麾下较低档次艺人于媒体上的曝光率，于是媒体反过来沦为工具，成为协助大型经理人公司养成偶像的公众频道。所以业内的潜规则，从来都没有所谓公开的试镜机会，一切都早已内定安排。对部分红透半边天的顶级偶像如木村拓哉而言，甚至可以令电视台相关节目都以配合他为主导，作出调节安排，作为观众的我们只能被动地接受一切。

回到最初的 AKB 议题，我想指出其实同样流露浓

厚的自我循环设计色彩。背后的掌舵人秋元康早已在 80
年代有大同小异的造星成功例子（"小猫俱乐部"），而
经理人公司在日本业界的牢不可破地位，某种程度方便
行内人呼风唤雨，令一切得心应手。可是凡事都有正反
两面，在本土要风得风的背后，同样的方程式在海外却
不一定有人买账。作为流行文化的输出大国，尤其于东
亚的影响力明显下降之际（韩国取而代之几成不争的事
实），相信经理人公司只手遮天的历史背景，反过来使
日本流行文化的全球作战力不升反降。

怎样告别福音战士?

《福音战士新剧场版：Q》（2012，以下简称"《Q》"）的上映，当然是一大事件。香港为日本以外的第一个海外全面公映的地方，可见对作品的认真看待程度。由1995年的电视版（26集）开始，经历旧剧场版《死与新生》（1997）及 *The End of Evangelion*[1]（1997）的蜕变[2]，然后再进入新剧场版年代（2006年揭橥的重构计划），先后已出现《福音战士新剧场版：序》（2007）、《福音战士新剧场版：破》（2009）及今次上映的《Q》（2012）。整个福音战士的世代进化，待终章《福音战士新剧场版：▐ 》（2013）在日本公映后，一切的变化便可以尘埃落定，盖棺论定。

---

1 由《死与新生》中的 *Rebirth*，再加上 *Air* 及《真心为你》构成。

2 1998年的 *Revival of Evangelion* 因为属原来版本的重画版，所以大多人不把它计算在内。

何时看新世纪的分野

　　作为一出横跨廿载以上的经典动画，作品显然如绫波丽般，早已由外在的复制植入，逐渐衍生出自我的生命力。当今日本文化红人宇野常宽在 *Da Vinci* 2013 年 1 月号上，以"'补完'后的未来"分析《Q》的内涵，我特别对他先长篇大论交代自己的福音战士历史感兴趣。宇野指出 1995 年在电视版出现前（泛指整个 90 年代的前半期），可说是日本动画的"冬之时代"——原创的动画企划大为减少、动漫杂志或粉丝群内的热议话题不过为漫画名作的动画化期待，其至连不少 80 年代出现的动漫专门志也销声匿迹，简言之就是一个气闷沉郁的时期。电视版于 1995 年如平地一声雷般爆破绽发，对宇野这样一个当年居于函馆的苦闷高中生来说，心头产生的震撼可想而知。

　　与此同时，宇野对电视版当年遭受四方八面的苛责也不以为然，尤其是传统的动漫迷习惯了"宇宙世纪"型宏大叙事模式，电视版最终回归于沉闷消费社会的日常叙事（最后两集才惹起波澜壮阔的讨论），令大家难以接受。宇野自言当年无法说清楚自己的郁闷之处，今天方能直指：电视版正是《超人》之死的物语。庵野秀明曾自述福音战士的意念原点为《超人》与巨神兵。前者属"旧金山和约"体制下的寓言（科学特搜队等于自卫队、怪兽等于敌国的军队、超人为驻日美军）；后者在《风之谷》中登场，是对"冷战"时期的核战威胁及堕落天使的主题显影。两方都是把国家当作成年男性的疑似人格，从而展示的近代想象力。而电视版正是以上想象力"终结"的物语。真治乘上初号机等同超人变身的情节，成为与社会同一化的成熟投影，这一种想法已经不获世道接纳，与时代感出现背道而驰的走向。

我自己是在1990年代的中后期，通过本地盗版的影碟一口气看毕电视版。当时对日本社会面对的转型状况了解不深，自然也没有宇野身处其中共时性的切肤痛感。而对于我们这些身处海外且以历时性角度去接受电视版的受众而言，很多时候会因应文化背景的差异，去发掘福音战士的不同趣味。就我而言，电视版最原始的冲击是跨类型的刺激，过去接触日本动画，当中的类型界定都十分清晰明确，但福音战士绝不可以简单的机器人或校园爱情等类型来一笔盖过，我们看到后来日本本土正好把福音战士定性为一个类型（姑且简称为"福音战士型"），并以"后福音战士时代"形容往后翻天覆地的变化，从而对日后的"世界系"产生重要及直接的影响。如果说宇野从社会属性的共时性理解电视版，我也可称为以文化分析进路作历时性探究，其中的后现代特质把大叙事瓦解成小叙事，各种诠释往往均可自圆其说，令受众各取所需去消费福音战士物语，大抵正是福音战士从电视版中确立的"原教旨"价值所在。

修正历史的投射心态

日本已把进入 2000 年代后的日子，划分命名为"后新世纪福音战士年代"（Post Eva），由此可见它的当代经典地位早已牢不可破。《Q》最终在日本取得 52 亿的票房佳绩，成为年度票房的第四位，在日本人心目中的重要性早已不言而喻。

事实上，回顾整个"福音战士"系列的发展史，当中充满阅读趣味。在整个 1990 年代，自电视版启播后，由于作品涉及大量宗教学、心理学乃至机器人自身动画类型发展的知识库，媒体一直也是循解谜说明角度去"消化"它，简言之，就是停留在协助观众看明弄晓故事层次的阶段。然而踏入 2000 年代后，《新世纪福音战士》便步入被看成对相应的社会文本加以解读的年代。我认为《Q》的执行制片大月俊伦，先前在《热风》（2012

年12月号）之"《福音战士新剧场版：Q》特集"的自我反省，颇能说明一代人的心态。他在"我决定重新开始"中指出自己到了五十一岁的年纪，决定在生活上作出彻底的改变。事缘的触发点是在路上看到愈来愈多的流浪汉在贩卖过期杂志，但他一直不敢上前购买，直至有一次看到年轻女子怡然自若交易，才催化自己去体验。其后他发现流浪汉均有正式的贩卖许可证，而每一本的过期杂志售价为三百日元，而每出售一本他们便可得到一百六十日元的酬金。

故事表面上好像与《Q》没有直接关系，但其实正好曲折地反映出一代创作人背后的委婉心曲。日本长期富裕的文明代价是出现大规模的社会问题，由援交、霸凌、禁室培育、单身寄生虫，乃至无差别杀人事件等，可谓无日无之。作为从经济高峰年代走过来的一代人均感到，当前社会乃至私下人生都到了不得不重省及求变的危急关头。流浪汉希望自食其力，而大家应该伸出援手以重建互助关系，这正应是社会摒弃富裕带来孤独冷漠的出发点。他们通过动画中一次又一次的世界末日描摹（以"第几次冲击"作为文本中的世界巨灾、全人类灭绝的象征），为主人翁构思在不同末日困境中的回应及自处方法。那正是一代人回应历史的自我修正心态。

哪一个才是福音战士的真身？

　　长篇累牍先交代福音战士的"基型"，我想指出的是福音战士的"真身"，其实早已锁定及潜藏于各人接触福音战士的时刻内。今天庵野秀明续写《破》十四年后的故事，为 Nerv 锁定 Wille 的对手，一众男女的对决战争也清楚浮现（Nerv 及 Seele 内一众暮气老男与从反叛 Nerv 出来以葛城及赤木为首的阳气女性之对阵）——你当然可以看成为对福音物语的推演，但同时也是对电视版开放文本的一种解构举动。

　　事实上，不少对《Q》持好评的日方反响，往往也是建基于对电视版阴冷本质的眷恋。中村兔的"欢迎来到新地狱"（《电影旬报》2013 年 1 月上旬号）正好是一典型示例，文中表明对《序》及《破》等注入的阳光正面能量大为不满，认为世界的和好以及所谓的"补完"，如此简单地释放善意不可能改变一切。当《Q》把真治重新掷入地狱（先交代他为触发"近第三次冲击"的元凶），同时也要面对第四次冲击的疑云，中村兔便兴奋莫名认定福音战士终于重上正轨，把世界末日与冷酷异境之神髓再现。

　　我认为这正是福音战士眼前面对的窘境，作为一部具备划时代意义的动画经典，因为它予以观众"第一次

冲击"的震撼太大，于是受众对后来的重构往往也是循自己心目中的福音战士原型来期盼、看待。福音战士原型本属开放型的文本，但庵野秀明的新剧场版策略是不断以今日的我推倒昨日之我，于是每一次的冲击，俨然便出现正反式的自我拆解。你当然仍可视之为开放文本的发展过程（事实上《福音战士新剧场版：|▊》要怎样终结也完全握于庵野手中），但那种由受众自决的文本开放本质，与创作人操控的引导式正反修正，当中带来的趣味早已不可以道里计。

日本动漫的迷思

　　一般人对日本动漫往往容易有两极反应，认同者全面拥抱热切投入，反对者视如洪水猛兽全力抵御。当然，在今时今日流行文化日益当道的时空，前者势力早已扩张，但在肯定之余还有不少迷思未有释破，致令认知上存在一定偏差。

　　无论在香港或内地的读者、观众，很多时候只会一厢情愿地羡慕日本动漫的蓬勃发展，而忽略了各地动漫营构生成的背景差异。动漫创作在中国人社会一向地位不高，甚至被认为属不务正业、读书不成的年轻人之出路，反过来动漫创作人在日本一向地位崇高，而且经济收益同样成正比。

优厚的生成背景

　　小熊英二在"日本大众文化的形成——战后日本

的动漫"（世界媒体艺术会议发表的论文；2012）中正好指出，日本漫画家从一开始便享受到良好的待遇，早在1930年代末期以一页约四百日文字的漫画为例，大约值今天三万日元左右的报酬；据说当时只要在"岩波新书"麾下刊出一本漫画，便足以购买一栋房屋！事实上，以上的优厚条件当然要有现实因素配合。到了70年代，日本的人均书店比例是1∶7710，相较美国的1∶27363及英国的1∶14925，清楚可见日本人对读物的钟情及倾慕。

时至今天，根据漫画家竹熊健太郎所言，每页漫画的报酬约为二万至五万日元，而新人为五千日元左右。此市价大致由60年代至今都没有什么调整，而单凭漫画的稿费收益想买车买楼，基本上已变得遥不可及。但进入漫画界工作，仍属不少年轻人的梦想。漫画家石川润直言70年代入行，最主要原因就是收入的考虑。而石森章太郎从宫城县完成基础教育后直奔东京，也是所谓念书不成的年轻人提升社会地位的法门之一。事实上，即使每页的稿费停滞不前，但因为成书后的销量可构成另一笔可观的收入，成功的漫画家仍在名成之余可以利就。踏入90年代后，漫画界的基尼系数更加扩阔，当红与籍籍无名的漫画家的贫富悬殊度可以大幅拉开，但整体而言始终可提供一个名利相配的梦想憧憬。

对比香港及内地的情况，前者的漫画工业早已进入夕阳阶段，黄玉郎及马荣成的神话早已不再，连一度被认定是后起之秀的温日良（肥良）也回天乏力。大部分新入行的漫画助理薪酬连最低工资水平也追不上，业界的前景可想而知。动画方面即以"麦兜系列"扬名的 Bliss Production 其实也处于艰苦经营的状况；如果没有电影发展基金的资助，《麦兜当当伴我心》能否成事也属未知之数。同样在内地，动画的制作及放映固然要受到许可制度的束缚，至于漫画书的生成销售网络更加讳莫如深，相对而言有天渊之别。我在此故意把焦点放在物质条件的对比上，过去大多人一提及动漫，不是归类为兴趣就是属于理想范畴，共通点似乎为不食人间烟火，而背后的潜台词就是可以予人合法剥削的堂皇理据，好像一旦与兴趣或理想相关，大家就可以喝开水度日。日本的经验说明动漫的百花齐放，前提在于有合理的条件去吸引优秀的人才聚合，这是工业得以勃兴起飞的关键，大家不可不察。

教养养成的背景

当然我这样说好像一厢情愿作对比，因为要提升业界吸纳人才的条件，大前提也同样受经济上的供求定律左右，于是我们不能回避的问题，是为何日本可以负担得起？小熊英二早已指出动漫业的起飞，和"二战"后的文盲率一直下降息息相关。当日本家庭开始分享经济蓬勃的甜头，于是便乐于在下一代身上投放大量资源。而日本战后婴儿潮的一代，便成为最大的受惠群。他们在成长学习的过程中，通过购买及租赁等不同方法共同促进及刺激动漫界的发展。其中要留意的关键点是，日本动漫从来没有被看成不能登大雅之堂的小道读本，即使中产父母也一向认真看待动漫作品，视之为可提升子女教养的愉悦范本。小熊英二更特别引用印度的例子来加以对照，从而突出当中的差异所在。印度的出版市场一开始已把印刷物划分成两大市场，以英语印刷是供受教育的阶层消费，而用印度文又或是其他方言印刷的则供大众平民消费。于是自然局限了各自的销量，一方面令创作人不足以生存容身，同时也限制了作品内容上的可能性，而不能作进一步的提升及多角度的探索。

交代以上的背景，我认为更清楚地显现出中日之间的差异。香港的动漫从来都被批评为内容狭隘，而且倾向渲染色情暴力，一向都予人评价不高的印象，由《小流氓》、《龙虎门》乃至《海虎》、《古惑仔》等，莫不如是。1990年代一度出现以刘云杰的《百分百感觉》为代表的都市爱情风，但也旋即偃旗息鼓。动画片"麦兜系列"，从来也是谢立文个人才情及世界观的产物，与业界的整体可谓瓜葛甚微。回到内地，正如远藤誉在《中国动漫新人类》（日经 BP 社，2008 年初版）中指出，中国动漫的发展于精神文化上的坐标方向，始终受制于"由上而下"（Top Down）及"由下而上"（Bottom Up）的文化差异影响。社会主义国家中奉行前者的理念，与资本主义国家拥抱后者有着根本分别。而动漫作为流行文化工业中的重要一环，更要与由下而上的生产方针密切紧扣才可以予人惊喜。而现在主要通过由上而下的指导方针，建构出来以教育为指标的制成品，自然难以吸纳大量受众的支持。无论在香港还是在内地，其实我们均的确没有肥沃的土壤，好让动漫的种子在泥土中健康发芽、成长。

第二编

文字游目

联系亲情的料理小说

吉本芭娜娜的《食记百味》的简体版于 2012 年推出（山东人民出版社），这位治愈系小说天后一直对料理都十分敏感，这本书更属最为亲切贴身的随笔，内里记述由怀孕至儿子小不点儿长到六岁的百来篇饮食札记。除下小说的假面后，吉本更加清晰展现为人妻子及为人母亲的饮食感性，而且更毫不掩饰以料理来温暖人生的立场。

事实上，如果我们留意吉本芭娜娜与日本心理学大师河合隼雄的对谈（《原来如此的对话》，2002），她曾道出一个小故事：童年时当她要回校交暑期作业的时候，擅长绘画且已成了漫画家的姊姊宵子为她画了"海洋的生物群"，她说声谢谢便带回学校。到检查功课时才发觉姊姊在旁均加了文字，如于水母旁便说"蘸生鱼片酱油很好吃"。吉本芭娜娜一向姐妹情深，刚才提及的《食记百味》也收录了姊姊所画的食谱。我想指出的是上述的生活小插曲，从侧面已可衬托料理作为联系家人感情的无形牵引，从童年开始已深植作家的心坎中。

使吉本芭娜娜声名大噪的《厨房》（1988），正是典型的料理治愈系小说范本。小说讲述少女在祖母去世后，被雄一及其男性伴侣收留（以"母亲"名之），结果少女成为优秀厨师，但"母亲"却遭人杀害了。在吉本的小说世界中，现实气息不浓的童话式人物以及禁忌话题，如近亲相奸乃至同性恋均俯拾皆是，更频密出现轻松、平常的死亡——毫无重量，忽而会降临身上。正如小说中少女与雄一的苦中作乐，"在我们周围常有死亡哪！……宇宙那么大，要找两个像我们不幸的人，恐怕也很难了"。唯一可以驱走内心的阴霾，便只有厨房内的料理了。

在文学世界中通过料理来反映人生意涵，绝非什么新鲜的构思，但在不同作家的处理下，仍然有大相径庭的效果，其中更可看到社会时代的世局变化，自然值得我们进一步反思。

《楢山节考》的白荻

大本泉在《名作的食桌——文学中所见的食文化》

（东京角川学艺出版，2005）中，检视了不同年代的日本文学作品，从而勾勒出文学世界中的纷繁人生世相。不少人都看过电影版的《楢山节考》，甚至对木下惠介版（1958）及今村昌平版（1983）均有所涉猎（就两者与小说的详尽比较，可参看拙著《日本映画惊奇》），然而，深泽七郎的原著小说（1956），向属被低估及忽视的杰作。

大本泉在"近代文学的黑洞"中认为，深泽七郎的原著小说《楢山节考》正是通过对料理的营构，探索人生对"生之不安"及"死之恐怖"，从而解答"永远之魂"的去向，她甚至认为循此观之，视之处于日本近代文学的黑洞位置也不为过。

《楢山节考》的故事不少人均耳熟能详，时代为幕末，地点为信山中的苦寒小村，讲述来年即将七十的阿伦婆婆，如何说服儿子让她上楢山待终，以便腾出粮食供养子孙。大本泉所指的料理，其实只不过就是简单的白米，不过在小说世界中别具一番意义吧。

小村中一年最重要的日子就是楢山祭典。"楢山祭典在中元节的前一夜七月十二日举行夜祭。这种夜祭除了献上山上的产物四山栗、山葡萄、松茸、椎树果实、香菇以外，最重要的是要煮白米，做成浊酒，在晚上呈献给神。白米尊称为'白荻先生'，在这个寒村里虽有耕作，但收获很少，因为处于山地没有平地，所以把收获较多的玉蜀黍、栗子、高粱等作为主食。只有在楢山祭典时或重病患者才能食用白米。"

由白米变为白荻，正是在民俗世界中把珍贵收获神祇化的举动。正如大本泉所言，日本人以米为常食，在宗教、经济及政治领域中，均以米作为国家成熟度的测量基准。而白荻的白与阿伦婆婆一直期望上山时遇雪，构成相近的信仰基础，渗透对洁净的冀盼，以回归"永远之魂"的境界。

小说最后讲述儿子辰平把阿伦婆婆背上山顶后，婆婆解下腰部的包袱，并绑在辰平的背板上，又从包袱里拿出一个由白荻造成的饭团放在草席上。那其实正是"枕饭"的风俗显现，即把白饭放在死者枕畔作供奉之用的习俗。阿婆放下的白饭团，本来正是为生存所需的"料理"，现在则成为往生的过渡象征。

我认为这正是深泽七郎精准有力之处，不需要任何多余的修饰，在苦寒匮乏的环境中，白米本来的存在已经可产生足够的张力，而用"白荻"的称谓提醒读者白米的神祇化一面，把背后的宗教意涵及探索同时带来，可说是一石二鸟之举。《楢山节考》正好流露日本进入现代期之前的民俗思维，既对老及死的存在景况仍抱持暧昧不明乃至恐惧的心态（小说中便有其他老人不愿上山），同时并存通过仪式化的自我牺牲进入灵界的向往追求，而白米正是仪式中的道具。

村上龙的缺失感

　　如果《楢山节考》代表了日本在物质匮乏的年代中，民众凭精神上的信仰可以得到心灵上的满足感，那么身处后现代年代的村上龙经营料理的手法，显然可带出截然不同的风味。

　　村上龙的《村上龙料理小说集》（1998）一共收录了三十二篇短章，基本上以电影及料理的名字来建构各篇的题目。事实上，他在小说集中纷陈繁多且惹人垂涎的食物，由甲鱼、牛排、鱼精、蚬仔、生牡蛎、鸭骨、鱼子酱、毛蟹、松露到响螺等等，名副其实是一场文字盛宴。更重要的是，他刻意把食材化为与女性有联系的料理名称，突出动物性的食欲与性欲之牵连。是的，"食色性也"正是他在小说中贯彻且无所不用其极去露骨表达的主题，但恰好反衬出丰饶中的缺失感。

　　正如大本泉所指出，村上龙在"牛排"中的描述令"我"想起女性肛交，而"生牡蛎"也令"我"想起空姐等等，一切都是由性而发。"生命的味道"一章中就更加明显，当中提及 G 正与一名美女搭讪，说起吃雄性驯鹿肝的经验。他一时兴起便把刚取下的驯鹿肝用身旁的雪洗洗，然后一口吞下。他形容那种味道为"那就是肉的味道，肉最原始的味道，也就是生命的味道，有些女人的腋下在某种状态会散发那种奇特的味道"。他更郑重地说明那不是狐臭，"不是平常那种狐，是在做爱时隐隐散发的味道，有那种味道的女人最棒了，她们一定都是高挑美丽，头脑好，个性又温顺，充满自信，却又不骄纵，才会拥有那种动物性的味道"。

我认为在村上龙笔下的料理，撇开食材的选择不谈，基本上是排除了日常元素建构的。大本泉指出《村上龙料理小说集》中的"我"，即使好像也有妻儿，但却完全没有流露任何家庭的料理气息。简言之，你不可能看到早餐桌上的面豉汤出现。对"我"而言的性，当中并不包含家庭的成分，而描述的料理自然也是以出外用膳才尝到的"外食"为刻画重心，从而满足"我"的口腹之欲。

我认为那也正好属于一种时代缩影的反照。事实上，村上龙的小说对我来说，一向是名过于实、虚有其表的代名词。他于全世界对日本的繁盛充满好奇之际冒起，于是笔下一切均成为外国热切淘宝者的分析素材，关于他的英语论文不胜其数。但一切就如大本泉的观察，在那丰饶满溢的物质享乐背后，流露的只是单薄及空洞的量化追求。与深泽七郎的《楢山节考》相比，恰好呈现物质贫乏及丰饶两端的反衬差异——一切其实与心灵的满足无关，最重要的还是由厨师及食客抱持的心态决定。

幸福家庭大骗局

　　向田邦子一直是电视界及广播界的超畅销编剧，同时也是直木赏的得主，她的例子充分说明流行文化与文学绝对可以并行不悖。作为一个认真出色的文字创作人，向田邦子从来不会抱怨受众的水平低下，大众文化不仅提供了编剧与作家的生活凭依，同时也搭建让文字翱翔展翅的舞台。专业创作人的敌人永远只有自己，如何超越自己乃至精益求精才属王道的探求，受众水平及口味既控制不来也掌握不了，一不留神反而成为掩饰自身能力不济的借口，这一点我觉得尤其值得有志的同业参考、借镜。

当我们谈论幸福时，究竟在谈论什么

　　向田邦子不少的作品中，终极关怀其实都是何谓幸福。太田光在《向田邦子的日光》（东京文艺春秋，2011

年8月初版）中，直指《隔壁女子》（1981）是向田邦子的幸福论，我认为这是精准的观察。太田光认为，向田邦子作为一个说故事的能手，她的哲学从来都不是堂而皇之的高论，而只会在平凡的众人生活状况中隐隐道出，就好像从故事的幽微深处，如同烤墨纸般浮现她的幸福论。而她的基调，便是幸福的标准因人而异。即使邻人友好，也不可能共同拥有相同的幸福，当中的距离感正是故事生成的磁场。

幸福不一定由人而生，借物寻欢也是方法之一。向田善于借食物说故事，而且着眼的从来不是山珍海味，而是地道家常小食。在《寺内贯太郎的一家》（1975）中漫不经意把隔夜咖喱化成翌日早餐，看似平凡却渗透丝丝暖意。在《父亲的道歉信》（1978）中曾细致地道出Curry Rice与Rice Curry的分别：前者是把咖喱和饭分别用不同容器盛载，后者则是把咖喱直接置于饭上。向田家中做的一向是Rice Curry，而在孩子日（即5月5日）当天，母亲更会加入大量乌冬粉——食物背后的温婉人情油然而生（"旧日的咖喱"）。

迅速蹿红的《深夜食堂》第一册（2007）中同样出现"隔夜的咖喱"，可见触动人心的"道具"时空无隔。细心的读者或可发现，《深夜食堂》脍炙人口的"猫饭"一回，提及把刨好的柴鱼干铺在白饭上，再洒上酱油进食的"猫饭"，其实在《午夜的玫瑰》（1981）"来一点吧！"之中同样有忆述，而且更明晰地道出以前仍没有现成的柴鱼片，每次想吃时才去削一些，过程别具风味。

我不厌其烦把咖喱饭的向田脉络勾勒出来，当然不是为怀旧而怀旧。在《寺内贯太郎的一家》中，于"跛脚的小脚"内曾刻画一幕家庭风景：儿子周平正要迎接发榜，家中女眷七嘴八舌商量如何张罗晚膳，最后决议考上就吃鲷鱼、生鱼片及蛤仔汤庆祝，落第则吃咖喱饭。

结果周平落榜，寺内家便弥漫咖喱的气息，连邻居也忍不住慨叹："傍晚的咖喱味一向诱人，今天却显得格外让人欷歔啊。"咖喱饭正是一家人忧戚与共的象征，也是不落言筌的铭心体现，这才叫人明白隔夜咖喱的动人力量：对家庭气息的依恋期待，没有前一晚的下厨，早上哪来隔夜咖喱可吃，同时也勾起一家人胼手胝足、同悲共喜的思忆。

说来不无哀婉，正如川本三郎在《向田邦子与昭和的东京》（东京新潮社，2008年4月初版）指出，从《寺内贯太郎的一家》延伸至短篇小说集中的家庭风景，正是通过"食事"的转变，勾勒日本近代的家族解体史的侧貌。向田邦子撰写的家庭电视剧，基本上集中以1970年代至80年代为背景，其中家庭解体的情况日渐普及，离婚率开始飙升，一家人聚锅起馔的风景逐渐淡出，代之而起的是"个食"年代的来临。

刚才提及的隔夜咖喱,正好串联起由"合食"到"个食"的时代变化。进入个食年代后,咖喱固然因为方便快捷而深受独居男女的欢迎,但背后同样承载着连接身处父母家中的前事记忆。向田邦子在"来一点吧!"中欣然喊道"剩下的咖喱饭也不坏"——当中背负的正是时代更易中的自我激励。《深夜食堂》中一众食客疯求老板的隔夜咖喱饭,追求的也是希望在食堂建构的拟家族背景下,通过食物筑成时光隧道,好让来自五湖四海的人士觅得喘息的休憩空间。这便是我长篇累牍希望可以通过食物来说明的幸福论管窥。

幸福更迭带来的杀意

回到人的范畴,差异的幸福论来得更明晰尖锐,叫人无处逃避容身。向田邦子看透的,自然并非仅从不同身份出发的差异幸福论,而是连自己也不明就里、被命运摆布的差异状况。小说人物角色往往只感觉与他人追求肯定的幸福有异,生成茧化的摩擦痛苦。实质上更深沉的是,在时间不知不觉地流逝后,幸福的"内容"与时俱易:上一刻为你带来的幸福"内容",下一刻可能给你惹来无限困窘——差异不仅因人而生，更重要的是"差异"本身自有生命，随时间流动，不以人心的意向及人力所为而转移。

"核桃里的房间"（《隔壁女子》）是为人传诵的名篇。长女桃子因父亲出走至外遇家，挺身而出，肩负起家计及打点一切的责任。岂料通过弟弟口中才得悉，原来以为被抛弃的可怜的母亲竟然一直瞒着大家在情人旅馆幽会，而且渐渐丰腴肥胖起来，浑身散发浓烈的女人味。因人而异的幸福论明晰不过，可惜代价却是骨肉懵然不知的无偿付出。

向田邦子处理幸福，总不忘于丰饶处存坑洞，在绝境中留生机，祸福难测成为人物角色的必经考验。桃子自然也不例外，于是狠心去剪妹妹头，弄成桃太郎的模样，以此作为化解策略。过去她一直以女兼父职为荣，不惜放弃与异性交往的机会，甚至连外表也故意忽略。事实上，到最后一切也没有改变，只不过因为母亲享受的幸福"内容"完全出乎她的意料之外，本来引以为荣的坚忍承担，于下一刻便成为对自己的冷嘲热讽——这正是我所指的时间推移令幸福"内容"更迭的愁苦。

至于达到心生杀意的程度，肯定不得不提"水獭"（《回忆，扑克牌》，被太田光推选为向田邦子小说中的第一位）。丈夫宅次中风后，逐渐认识到太太厚子的另一面。厚子长袖善舞，无论应对任何人都可以三言两语打发，擅长以无伤大雅的谎言巩固、维系家庭利益。

殊不知宅次动弹不得之后，才发现自己也是被无伤大雅的谎言蒙在鼓里的一人。正如上文所言，过去认为幸福的"内容"（认为厚子充满生活智慧，更认为与她度过一生肯定不会无聊），在时日转移下便会有新的体会，日常的残酷以及由滑稽而生的讽刺，登时令人精神崩溃。厚子在宅次中风后反而更神采飞扬，既悉心打扮、瞒着老公外出见朋友，也暗中策划改建家宅。更重要的是，宅次发现多年前三岁的女儿因急性肺炎病逝，原来并非一直以为的意外，而是厚子自顾出席同学会而疏忽照料女儿，才会延诊致死。那的确是叫人愀然惊心的场面：

宅次站起身来。

抓着拉门来到厨房，等他回过神来时手中握了一把菜刀。不晓得想刺的是自己的胸膛，还是厚子的酸橙胸部。

"真是太棒了不是吗？"

是厚子。

"能拿菜刀了呢。快歇口气。"

言语之间毫无忧虑。分隔左右的西瓜子般又黑又小的眼睛闪烁跃动。

宅次的杀意固然生于厚子原来一直"一视同仁"以谎言对待他，于是幸福的内容在对己、对人的层次上出现易转，立即由天堂堕进地狱。但更重要的是，背后突现的人性暧昧，到头来也不能否证厚子以家为本的人生智慧：女儿已经死了，自责、内疚只会沉溺阴霾；宅次成了废人，改建家宅成宿舍出租属挣钱的唯一方法；打点仪容是为了不让外人以为自己是家庭主妇而好欺负。一切其实均有另一种的理解可能。

幸福也如是，由爱生恨，生死见怜——向田邦子的幸福论总看得人隐隐作痛，那么日常，那么接近，那么那么……

何去何从的多崎作

《脱色的多崎作，与他的巡礼之年》（村上春树著，中文版由施小炜翻译，南海出版公司，2013；以下简称"《多崎作》"）自刊行至今，在中文媒体上的讨论不多，与日本国内的汹涌潮议自然有天渊之别。于我而言，《多崎作》是把《地下铁事件》中的报告文学手法，移花接木地利用访问的情节安排，挪入小说进行一次重省历史之旅。表面上要解除多崎私下人生的黑洞，实质上却在回应日本由富裕社会走向瓦解之路的崩坏因由，属典型的村上式隐喻写作。

海啸后的多崎作

在此简述一下小说情节。三十六岁的多崎作是一名铁路公司的职员，自幼已很钟情铁道，大学时期顺利考进相关院系，然后追逐自己梦想踏上平稳预算中的人生路去。但他心中一直存在难以言筌的黑洞：中学时期与另外四人分属好友，同住名古屋，到升大学时其余四人都留在名古屋升学，只有多崎为追逐理想上东京升学。起初两年彼此仍保留密切的关系，只要一到大学的长假，多崎都会立即回名古屋，与好友终日流连相处，亲密程度丝毫没变。直至二年级，多崎回乡后发觉四人均在回避他，后来最终通过其中的青海口中才知道四人决定以后不会再见多崎，但理由则没有明言。多崎当时也没有寻根究底追问，且踏上了回东京的逃避之路，进入自伤、自闭的求死期。庆幸最后终于超越险境，且认识了一名趣味相投的学弟灰田，总算步出阴霾。回到三十六岁的现实时空，多崎认识了沙罗，后者留意到多崎一直没有抚平内心深处的伤口，于是建议及协助他去搜寻旧友，逐一探问以释除十六年来的疑窦。多崎踏上重访之路，逐一详述与各人会面及细说当年及变化的心境。完成心愿后回到东京，向沙罗告白后正等待女友的答复，小说便在此戛然而止。

《多崎作》虽然表面上与2011年"3·11"海啸没有直接关联，然而由小说中一众角色的人名设定，已流露与东北大灾难的隐喻关系。最明显的海啸线索，出现在多崎被四名好友没由来的杯葛后，进入半年之久的自我流放，甚至欲寻死路的大学时期。他心如死灰，通过凝视镜中自身的裸形，竟然产生一种永不厌止的情绪。"与巨大的地震所带来的可怖洪水侵袭远方地域，电视新闻影像传送的悲惨状况，令人不可能把目光移开相若。"（日文版45页）大西若人认为多崎的名字已露端倪——崎即岬，乃海角之意；而"多崎"乃指涉谷湾海岸（又名溺湾或沉降海岸，Ria Coast），暗指"3·11"中受灾地之一的三陆海岸（用来借喻泛指受灾的东北地区）。而"脱色"正是灾后眼前一切色彩掏空之意，简言之就是受灾地失去生命色彩的投影。根本治久进一步分析指出，多崎作的"作"（Tsukuru）应指"作会"（Tsukuruka），即指涉"新历史教科书编撰会"（日文名为"新历史教科书作会"），因为书成于2012年，而多崎作被好友杯葛乃十六年前，正是1996年，那恰好正是"新历史教科书编撰会"成立的一年，也就是日本公然进入修改历史的起步年。但此乃以2012年作为现实时空作为基点去推算；若以"3·11"为据，那十六年前的冲突又可以看成为1995年神户大地震及奥姆真理教沙林毒气事件的隐喻。

此外，表面上多崎作的好友乃至其他出现的关键人物均以颜色来注入姓氏内。但不要忘记整体上姓氏的构成全属颜色配合大自然的设定——四名好友分别为"赤松"、"青海"、"白根"和"黑野";另外两名其后登场的关键人物"绿川"及"灰田"也是大同小异的安排。四人组内的象征投射也明显不过:青春(青海)、朱夏(赤松)、白秋(白根)及玄冬(黑野)——于是海啸前色彩丰盈与灾难后暗淡无色的对比也确立下来。

无论从哪一象征去对应了解,十六年前的个人黑洞,在村上笔下显然意欲视之为一次社会上的集体冲击。有趣的是,近年日本流行文本不少也泛起一股重省乃至修正历史的热潮,2013年在香港上映的《福音战士新剧场版:Q》也属相同思潮下的产物。福音战士的术语是把日本所经历的大灾难,以第几次冲击的方式表达。主角碇真治在昏睡了十四年后,一觉醒来才知道自己是近第三次冲突的肇事者,于是在渚薫的诱导下,才决定与他一同驾驶第十三号机,打算拔出朗基努斯与凯希乌斯两把枪,让世界重新来过——以完成修正历史的终极期盼。只不过导演庵野秀明把真治昏睡十四年的一切,以隐而不论的方式处理,于是历史的疑团又或是责任上的讨论,在福音战士的文本中大体上是没有展开的。简言之,就是有重省人生及修正历史的意欲,却没有认真着手去探究及诘问当中不堪回首的真相黑洞。

抒情式的历史探寻

村上春树在《多崎作》选取的文本隐喻，是意欲处理日本在当代两次大冲击（1995年及2011年的大灾难）中的千丝万缕关系。多崎五人组的幸福快乐成长期，正属1980年代末、1990年代初的泡沫经济期，然后便进入平成大萧条的年代。在此转接期间，村上固然把多崎刻画成最后一代的幸运儿——人生可按自己的梦想进发（借铁道迷把第一代御宅族的成长及精神背景，浓缩投射在多崎身上），甚至连在东京竟然也可以拥有由已逝父亲为自己准备好的名下物业。无论物质还是精神都处于"富裕"的状态，事实上那也是日本人对泡沫经济的暧昧情意结——彼此虽不愿明言，但其实都知道其后至今的日本衰退、滑落，与当年息息相关；同时也因为今时今日各方面的千疮百孔，却又更叫人怀念追思那些年的无忧无虑。

多崎追访旧友，明白是因为白根诬蔑他强暴了自己，令多崎背负沉重污名而黯然离席。在详谈的过程中，每人都有自己的解说方法，甚至有人表示从一开始已知道白根在说谎，但仍然选择支持当时即将精神崩溃的白根，宁愿多崎成为牺牲者。小说中白根已死，其余三人的反思角度，均代表了一种解释日本在两次灾难中不能逆转的崩溃思考。而我认为最值得深思的，是通过他人口中推敲白根捏造伤口的反省。自从多崎决定追寻梦想独自上东京，幸福五人组便注定会有一天瓦解，白根不想等待那时刻的降临，于是选择了主动戳破神话。但更深层的构造是，五人组中白根及黑野两名女生其实都对多崎早有好感，而多崎一直认为自己绝无过人之处，同时认为五人组内一旦有任何异性的感情关系，便一定会破坏集体共融无间的幸福感，所以选择一直压抑及驱除组内任何男女情致。村上在此正好点明从概念出发所建构的幸福幻象，在反人性的基础上，只会步向内部的自我崩坏下场。对应日本社会的发展历程而言，多崎一代属"Post 团块 Junior 世代"（1975—1979 年出生），简言之，求学期的富裕安稳日子，基本上都是拜上一代所赐。延续既有私密层面的小团体幸福感，几乎成为一种精神信念。把小说中的重省与1995 年的冲突并置，自可体会精神层次上的概念式幸福（对照宗教上的憧憬幻象）的反人性基准。

治愈疗法的局限

《多崎作》当然也是一本治愈系的小说。但这次村上的治愈进程以及流露的态度，显然沾上了一层暧昧的色彩，也是我觉得新作颇堪玩味的刺点所在。小说用了一半以上的篇幅，来详细交代多崎重访三名旧友（白根已死）的过程，把他们的对话仔细记录，令读者俨然在看另一本《地下铁事件》。撇开白根捏造之谜，在三人与多崎的对话中，不约而同从不同角度去肯定后者的过人之处，就好像在为多崎作进行心灵治愈的疗程，同时也作为回应书名之举。是的，"脱色彩的多崎作"指的正是多崎人生的象征，小说中在他身边出现的密友，姓氏中均有着色字（青海、赤松、白根、黑野、灰田及绿川），衬托之下多崎的平庸乏味，正好成为他信心不足的自省判断。

在访友的过程中，青海指出多崎一直是五人组内的 Handsome Boy 角色，礼仪出众，清洁整齐，众人的母亲都是多崎的粉丝，云云。更重要的是，多崎的存在令小组内各人顿时可生出一份安定的恬静感，就如船碇的作用。赤松更直言多崎乃组内精神上最坚强的一人，当大家面对升大学的抉择，虽然各自怀抱不同的梦想，结局却只有多崎敢于付诸实行，只身到东京向自己建造车站的志愿进发，其余四人则留在名古屋继续相濡以沫。至于早已嫁到芬兰生活的黑野，更石破天惊地指出：她与白根其实以前均心仪多崎。最终几人更不断为他打气，强调对方充满色彩，作为一名三十六岁健康、有纳税及具备选举权的市民，且有建造车站的正当及理想职业，只要不受怯懦及无聊的自尊心左右，便可一定与沙罗有美好的将来。

多崎一直视自己为事件中的受害者，三人的重省某种程度上也像是"赎罪"的举动，为当年不辨青红皂白令多崎蒙冤补偿。重访经验也催促多崎改变了一贯逃避的人生态度，回国后便就曾看到沙罗亲密地与另一中年男性在街上闲逛而提出诘问。沙罗的回答正好点出问题症结所在："你不是那么单纯的人，只不过自己一直这样想而已。"一针见血的评议正好道出多崎的整个探寻过程的徒劳无功，友好在破局后的互助解慰式治愈过程，正好进一步强化了多崎的受害人印象，正好牵引出村上的终极观察。日本国民在过去长久的日子中，正好是以多崎式的置身事外、不干涉他人途径过活，一旦危难临头，便自然得到一种无责任的印象（1995年阪神地震、沙林毒气事件以及2011年的东北海啸等各式灾难，一般日本民众正是以受害者的身份自居）。可是这种人生态度真的可以洗脱共犯的嫌疑吗？村上显然觉得治愈式的心灵抚慰术，不足以令国民醒觉；多崎最终与沙罗的关系未有交代便戛然而止，正属我所言的暧昧式终局，留待读者深思日本未来的何去何从。

历史的回顾自省

村上俨然是以"3·11"作为一种国族的灾难隐喻,从而回顾切入"当时"问题出现的原点,去考虑分析崩溃的生成原委。首先,五人组的崩坏源自白根诬蔑多崎强暴了自己,暗喻国族的瓦解从来由内部萌生。而赤松重遇多崎后的重省,直指白根是一名能力与期望出现落差的悲剧人物,她的钢琴技术为好友称赞,但在宏观的意义上,无论她如何再刻苦练习,也不可能提升至国际表演级的水平。而与此同时,她可能暗地里恋上多崎,同时妒忌他于五人中唯一一直赴东京升大学,于是沦为因爱欲及嫉妒转化为怨念的憾恨投射对象。

利用隐喻的串联,十六年前现实宏观修改历史的决定("新历史教科书编撰会"),呼应了微观小说中多崎的回避历史态度(对问题症结不闻不问而仅求自存之道)——白根背负的期望落差带来自毁及伤人的扭曲人格,与国族修改历史举动的后遗症也不谋而合。如以1995年及2011年的冲击作对照,自视为受害人的态度也令悲剧一而再地发生;多崎十六年来以逃避黑洞的方式过活,保留物质生活的充裕条件,而把精神层面的创伤搁置一角,恰好说明了社会中1995年与2011年两次冲突的隐性联系。1995年冲突对大部分日本国民而言,都感到自己没有责任——神户地震是天灾，而沙林毒气事件是狂热宗教分子所为，心态上等同多崎的牺牲者角色。然而，多崎委实全无责任吗？两种思考方向同样终于导致了当前眼见的海啸悲剧。当然，若再细致地去剖析，村上清楚传达的信息是每人都身处其中，不可洗脱责任。

小说其后的章节提及多崎也怀疑，自己在象征层面上对白根之死不能卸责。小说当然不是剖析现实的论文，但通过作家委婉多变的笔触，的确可以让我们思考更深、更广。

糖衣良药式的历女故事

万城目学对不少人来说，就是天马行空的代名词。他的《鸭川荷尔摩》（2006）、《鹿男》（2007）及《荷尔摩六景》（2007）等，早已看得人魂魄出窍。《丰臣公主》（2009）来得更有趣，不过，我更关心及羡慕作者的聪敏，他把历史元素及时代风潮作精准结合，实在令人拍案叫绝。

游戏化的机巧

我时常想：日本文化各范畴的创作者人才辈出，与他们有坚实的流行文化基础大有关系。事实上，要说上下融通，严肃与流行文化互糅，而且口味真正做到多元化，往往都是说易行难。《丰臣公主》把丰臣秀吉及德川家康等历史元素肆意挪用，一方面借用近年的"历女"风潮乘势而上，同时响应日本人热切关心的人种学话题（东京人 VS. 大阪人），更融入家庭崩坏到重建的设计。简言之，就是利用历史元素作为药方，去医治代沟隔阂甚至重建地域上的民族自尊，那可是了不起的文字工程。

而且万城目学的聪颖之处，是一切全以娱乐作为包装，完全是糖衣良药式的构思。我常想这正是华裔创作人最缺乏的一点：在流行文化的范畴上，华语作品一旦要处理历史题材，不是流于虚浮失真，就是过分严肃，由衷而言就是缺乏把历史转换成潮流的能力。

我认为关键就是缺乏 Playfulness 的机巧，就以《十月围城》（2009）作例，没有人怀疑其初衷，但创作人也担心市场上未能承受过分沉重的题材，于是只能以"游戏机模式"把内容处理成"打机片"。最终表现形式与主题命意落得互相消解的可怜下场——投资既大（打机式的动作设计成本甚高，也受递减定律约制，打得愈多，快感愈低），而且也肯定非属创作人的本意。万城目学的玩法却是借力打力，四两拨千斤。丰臣、德川的故事永远有说不尽的玩儿法（近年最笑破肚皮的演绎是《银魂》中把他们弄成为鬼屋中的怨灵，令我乐上老半天），最重要是为他们赋予时代的娱乐意义，在娱乐的框架下，才可以渗入不同的价值命题。

东京大阪吵不停

《丰臣公主》的另一趣味，是当中隐藏的东京与大阪的对立意识。东京与大阪固然从来处于紧张状态，由江户到京都，彼此奉行的正是不同的价值取向。然而，有趣的是，万城目学善于把日本文化自身的县民性差异活化为小说素材，一方面绝不过火，但同时不隐瞒自己倾向大阪原教旨主义，这才是把弄流行文化于股掌上的高手。

说得通俗一点，万城目学采用的策略就是各打五十大板。在小说中，一向口齿不灵的大阪国总理大臣真田，当面对来自东京的调查官松平的"毫无意义"的抨击，登时便口沫横飞义正词严地反驳："以前，江户人把从大阪运到江户的东西称为'下物'。久而久之，江户人就把自己不会用到的劣质品称为'毫无意义'的东西。"小说借故事的发展，肯定历史文化意义以及父子相承的家庭伦理价值的重要性，同时借松平的身世（本是大阪人，但因不肯见父亲最后一面而对大阪国的存在懵然不知）幽了东京人忘本一默。只是作家把大阪国定性于下风位置，加上总理又不过是一名平凡无奇的大阪烧店主，再加上最后借势道出大阪的女性才是幕后的真正玩家，逐一把本来强调的大阪原教旨主义柔化及阴性化，避免唤来现实中的县民性冲突。

只是我想起现实政局的波涛诡谲，似乎较小说更风起云涌。大阪市长桥下彻的迅速冒起及他领导的"大阪维新会"节节得势，不禁予人勾起军国主义复辟的负面联想。目前大阪维新会已成为朝野两大党外最受瞩目的第三势力，而且它提出"维新八策"暗地里呼应幕末英雄坂本龙马的"日本国"概念。

小说中的大阪国总理是平凡至极的乡里人物，维护的也仅属历史遗留的血缘宗族人情价值。然而，现实中的桥下彻目光视野却远大百倍。看来，小说中的"大阪国"，现实中还有更大的变化空间呢！

孩子·宠物·治愈系

在日本的治愈系风潮中，除了妖怪治愈系是一大类型，孩子宠物治愈系也是另一家族。我喜欢的当红小说家万城目学也深明此理，他的《鹿乃子与玛德莲夫人》（2010）正是回应此风潮并乘势深化的小品。

大家都应该知晓，对于孩子而言，宠物往往就是他们与外界接触的联系化身。日本的心理学大师河合隼雄在《孩子的宇宙》（1987）中列举大量的临床故事，不约而同反映当孩子流露成长障碍困惑之际，利用宠物作为疏导及治疗是行之有效的方法之一。

他分享的例子中，有通过照顾实体宠物为有沟通障碍的孩子重建融合社群的成功经验；亦有利用分析小孩的宠物梦境，去厘清压力积聚的根源，再谋求解决策略。那当然不囿于一时一刻或一式一样的谋略，但大前提是宠物作为穿透孩子心灵的重要治愈系工具。

回到《鹿乃子与玛德莲夫人》，万城目学厉害之处是看准"治愈"背后的核心因由：因为A与B之间出现沟通障碍，于是彼此的期望视野自有出入，往往会带出破坏性的后果；而A与B可以是同一物种甚或不然，所以在小说中成人与小孩、猫与狗，甚至猫族与小孩之间，同样可以出现如此障碍，导致诸种难堪乃至互相伤害的下场。

鹿乃子与铃铃在最初的交往中，正好陷入语言歧义（无论是文字还是身体）的障碍而心生嫌隙。其实，文本中也是鹿乃子在心中祈求玄三郎及玛德莲（家中饲养的猫狗）代自己去学校，然后才出现与铃铃冰释前嫌的安排，这正是从心灵层面通过宠物治愈语言障碍的隐喻。到了后来铃铃因搬家而可能错过与鹿乃子道别的机会，作者更清晰明确地利用玛德莲"岔尾猫"的特质——可于短时间内化身成人的文本设定，与铃铃父亲调换身份，好让他带铃铃到祭典，制造与鹿乃子相遇的机会。这其实已属由心灵层面转化为现实层面，把宠物作为小孩之间的联系桥梁明明白白道出。当然，小说中耍了一些魔幻现实的小手段来增加阅读趣味，不过作者的用心及效果早已昭然若揭。

万城目学的推理式

一般人都把万城目学归类为"历史系"或"地理系"作家，这当然是理至易明的定位判断。不过，我想提出一点补充：他其实一直都是混种类型小说能手。他的小说能广为人知，我认为与其中的推理小说基因不无关系。

是的，就算是先前的《丰臣公主》，在日本也一直有人把它归为推理家族。至于新作《伟大的咻啦啦砰》（2011），推理元素就更加明显。当然，那绝非日本正统的本格派推理小说，事实上个人认为日本传统的推理小说分类，如社会派、旅情派、变格派等，大抵已跟不上当代蔚然成风的推理浪潮。目前的日本推理小说风潮，五花八门、推陈出新，既有如"仕事剧"式的职业为先，如海堂尊的医疗推理（2006年的《白色荣光》及2007

年的《染血将军的凯旋》);也有回溯日本神话传说的妖怪推理,这一派大师自然非京极夏彦莫属。

万城目学的路线其实可纳入青春推理系。过去此派一直以赤川次郎为本宗,读者或观众大抵可以《探侦物语》为认识基准。1983年由小说改编的电影名作,可说是东映的代表作之一;而松田优作及药师丸博子的"忘年情侣"更加令人难忘。

不过,青春推理一贯的风格,是推理元素不会如本格派般缜密。《探侦物语》以药师丸博子入时钟酒店,再爬上冷气槽查出凶手是谁的设计,其实也颇为儿戏。《伟大的咻啦啦砰》点出幕后黑手的真身是源爷,同样也有点草草了事。两者都是集中在一章中把所有枝节伏线作整合解释,再不断插入自由设定以解决推理难题。最明显莫过于结局,由枣广海用家传秘技平复一切。

只不过作为观众,如果明白流行小说的构成法则,便可体会在混种类型的复调交鸣下,每一种类型的基因其实一方面在丰富阅读趣味,但同时在转移及左右读者的注意力。也即通过元素转换令大家忘了或忽略小说弱点的障眼法。我时常觉得,万城目学一直是青春类型的能手,由《鹿男》到《丰臣公主》,乃至最新的《伟大的咻啦啦砰》,莫不如是,而推理不过是他添进作品的流行及畅销元素,主次关系从来不变。

社会生活零余者：X男

在推理小说的范畴中，"X男"的设定一向诱人及广受欢迎。由大师松本清张开始，历来的推理小说家对X男的布局建构，均抱持热切的想象动力。

X男的日式演绎

松本清张的短篇小说集《卖马的女人》（1977）中，有一篇名为"奔跑的男人"的故事，讲述善五郎本是药厂的推销员，但却喜欢在出外公干时到不同的名旅馆的镇店房间参观，并从中偷走一些微不足道的纪念品。岂料意外地在一次"偷盗"过程中，除了把作为纪念品的铜章拿走外，也顺道把房间内的花种取走，想不到那却成为侦破一宗谋杀案的重要证据。

大师把弄布局的地方，是利用标题中的"奔跑的男人"制造出误导视线的效果，当读者以为指的是因为速跑致死的受害人村川，原来实指的是真凶——厨师。这种声东击西的叙事手法，当然属本格推理中常用的惯技，但X男的悬念正好起到了增加趣味的作用。

擅写具科学趣味的推理小说家海野十三，也曾出版名为《蝇男》（1938）的小说集。他笔下的蝇男是一名专门与刑警和侦探对抗的大魔头，而在寄出的恐吓信中，爱附上一只被拔去翅膀及六只脚的死苍蝇。

海野十三竭力把匪夷所思的蝇男真身用较为科学化的角度说明：原来他是医生从事"微型人"实验时起用的死囚。医生先把他的手脚切断，然后截断腹腔，把肠子缩短至三分之一，又切去了他的胃，仅剩下肺及肾，唯一没动的就是颈以上的部分。完成后他就成了一位四肢可分离的"微型人"。当然，作为恶魔的蝇男一直去寻找把他变成怪物的人报复，但小说的趣味显然在如何建构出令人可信的怪异X男活体。

至于2000年代轻小说的旗手之一佐藤友哉，在《孩子们的愤怒愤怒愤怒》（2005）的短篇"孩子们的愤怒愤怒愤怒"内也创造中"牛男"这一大魔头。他在小说中成为滥杀无辜的代言人，然而意外地竟是一名小女孩町井的分身。佐藤没有好好交代，为何女孩能成为无人可阻的杀人魔头，但重要的是牛男的设定，正好把作者植入孩子们想破坏一切的暗藏暴力，来一次彻头彻尾的消耗宣泄。X男在他们笔下，显然均属异化的叙述工具。

X男的变形构思

回头说来，X男的构题本身正是一个异化的命名，通过不相干的物种与人类（男性）糅合，借此突出异变后的疏离感，令人反省身处世界的种种原则及行径的合理性。当然从技法上而言，X男可以有多种变奏的可能，他也不一定就是小说中的主角叙述者：村上春树笔下的"羊男"就好像属黑洞的存在，有时仿佛为自我内心的黑暗阴影折射，有时又好像是混沌不明的虚拟隐喻存在体；至于道尾秀介的《鼠男》（2008）相对来说便流于明晰易解，作为心理测验的物象存在（同一幅画作在不同序列中予人老鼠或大叔的不同印象），从而牵引出小说中因惯性思考习性而左右一生的题旨。

万城目学令我欣赏的地方，是他很晓得汇通与转化的策略，既不排除中外对话或与前人的对话，与身处日本的同代人也有共存的意识。就以他的第二部作品《鹿男》（2007）为例，它当属日本当代小说家爱用的题材，由村上春树于《寻羊的冒险》（1982）中的"羊男"到与万城目学同代作家道尾秀介的"鼠男",或真藤顺丈的《地图男》（2008）等，都反映出 X 男的命题多么诱人。

　　相对而言，万城目学走的属于更正统的文学路线，这是源自卡夫卡《变形记》（1915）的疏离、异化构思。在《变形记》中，主角一觉醒来成为甲虫，家人陆续明白事实后出现各种排斥的行径，于是把人性的阴暗面无情披露，同时彻底解构家庭伦理价值。《鹿男》却不是如此沉重黑暗的小说，万城目学同样把蜕变成鹿男的主角刻画为无力复原人性，迫于无奈要接受命运的安排。只是他笔下的"鹿化"过程，其实只有同道中人（同样遇上异变的被挑选的人）及自己才能觉察。

　　本来在卡夫卡笔下的异化过程，是用来呈现社会冷漠及人心叵测的手段。回到万城目学的范畴，鹿化过程却是作为社会零余者的主角，通过与同路人交往，最终明白沟通及付出的正面意义。主角最后选择帮助少女学生堀田解除魔法恢复人貌，而不是为自己除咒，正好暗示走出一直被羁困的死胡同。堀田为他献上初吻以恢复原状的终结，恰好一语道破通过鹿化的异化过程于异代重生的正面意义。

日式酒店小说的异域风情

　　作为现代都市生活不可或缺的要素之一，酒店几乎成为当代人从娱乐消闲或工作角度出发都占有重要地位的"场域"。相关的小说自然也应运而生，一旦进一步审视，自会留意不少有趣的脉络转化。

出走海外保留自我

　　斋藤美奈子在《文学的商品学》（株式会社纪伊国屋书店，2004）中，曾一针见血指出：度假酒店其实是艺术家的冒险天堂。山田咏美的《热带安乐椅子》（1987）、新井满的《日落酒店》（1988）及村上龙的《莱佛士酒店》（1989）等，都可归入此类型。《热带安乐椅子》是日本女作家和男友分手后，于巴黎高级酒店停驻时的经历。《日落酒店》是以西太平洋的马绍尔群岛为背景，讲述一个日本映像作家在此拍摄四周环境。而《莱佛士酒店》营造出一名艺人萌子为了追寻昔日摄影师男友，不惜放弃事业去新加坡的逐梦之歌。

斋藤美奈子指出，以上的度假酒店风小说，大多涌现在日本的 1980 年代后半，正值泡沫经济高峰期，日本人的消费能力恰好如日方中，于是暂居式的度假观光旅游热潮也逐渐趋向常态化。这类型的小说也如雨后春笋般涌现。正如三浦展在《爱国消费》（株式会社德间书店，2010）中所言，80 年代的日本年轻人受泽木耕太郎的《深夜特急》（1986—1992）影响，在他鼓吹通过出游去认识自我的风潮下，纷纷把日本社会视为抑压个性发展的制度怪物，而出走海外便成为逃避文化侵蚀的自主、时尚举动。那时候的海外出游风，大抵上连在海外与日本人为伍也十分抗拒，出游者尽量希望可以洗脱个人身上流露出来的日本民族共性，视之为一种"逃避行"也绝不为过。

山田咏美的小说最适合用来说明度假酒店小说的热潮。自 1985 年出道，曾夺文艺赏、泉镜花文学赏、女流文学赏及谷崎润一郎赏等多项荣誉，山田的小说一向以大胆及畸态的性爱感情作为刻画的焦点。《热带安乐椅子》的故事其实也没有什么，就是讲述一名在巴黎闲居的日本女作家与一名充满异国情调的酒店从业员于瞬间相恋，两人的缱绻缠绵中自然有不少激烈的性战场面。森瑶子在文库本的解说中说得好，她直认初读之时，最受吸引的就是无边际排山倒海式的性爱，正如女主角所云："从一开始，便一直总是肉体！"我认为斋藤美奈子说得既幽默又精准：如果把主人翁由女易成男，小说便成了一本男性外游的性爱指南了。

然而，斋藤精彩的地方其实是指出，那不仅属一时一刻因社会风气变迁而出现的"商业小说"，同时于深层处有日本文学的脉络传承。我觉得她最大胆的是拿出文学泰斗川端康成来对读，直言《伊豆舞娘》(1927)及《雪国》(1937)其实也属于"度假酒店小说，等于度假胜地恋人类型"作品。基本的方程式为：身处城市的都会人因为在城市中生活疲于奔命，于是便将度假胜地或酒店视为异次元空间，期待及刻画与异性的野性邂逅，这正是把握了川端康成及山田咏美间的潜在脉搏。

如果以《雪国》对照解读，一切便明晰、清澈。主人翁岛村是一个在东京生活的单身汉，且研究西方芭蕾舞。他不断到汤泽町和艺伎驹子相会，同时对驹子的三味线师傅之女儿叶子怀有遐想。斋藤强调，虽然主角男女有别，但《雪国》与《热带安乐椅子》中的结构程式几近如一：恋人的肤色为浅白及浅黑；逗留地为雪国及热带；主人翁同为作家；主人翁在度假胜地及酒店。除了遇上的第一个恋人（驹子及华欣）外，又对另一异性（叶子及东尼）有所憧憬，于是，嫉妒便构成了小说推进的张力所在。甚至连最后的结局，都是以第二异性（叶子及东尼）遇上悲惨事故作为高潮处理。看来，把《热带安乐椅子》视为《雪国》的当代男女易位版，大抵绝不为过。

黑道与幽灵交织的酒店

提到不按牌理出牌的酒店小说，浅田次郎的《监狱饭店》必须要算进版图。故事以黑道大哥木户仲藏经营的深山温泉紫阳花酒店为背景，以一季作为一本书的时空篇幅单元，由1993年至1997年把春夏秋冬四季印出。

浅田次郎刻意用人物会聚的方法经营小说系列。以首作夏季篇为例，酒店中登场的人物，由仲藏侄儿知名的黑道小说家木户孝之介开始，连带他的情妇阿清、原属暴走族的掌柜黑田、孤僻的料理长梶平太郎、一丝不苟的经理花泽、一对打算到酒店来离婚的老夫妇若林，还有因生意失败企图全家自杀的小田岛等。他们因不同因由，最终阴差阳错聚拢在这一所奇怪的酒店，然而就在各安其分之际，众人本来暗藏危机的疑难逐一迎刃而解。连前任经营者一家的灵魂也得到安抚，反过来成了治愈式小说的蓝本。

斋藤美奈子认为《监狱饭店》有其讽刺文学的特质，她指出日本著名的小说及编剧家平岩弓枝也有一本名为《花酒店》(1983)的小说。两本小说的酒店女主人都是漂亮美貌的女性，经理同样聪敏能干，更有趣的是，两家酒店都起用大量的外国从业员（《花酒店》是为了追求高质素的国际水平；而《监狱饭店》则雇佣南亚裔连日文也不太懂的雇员）——《花酒店》的开幕招待的是外国大官及王妃，而《监狱饭店》则是来集体度假的黑帮团体。正反黑白的对倒，构成了酒店小说脉络中的讽刺元素。

我没有看过《花酒店》，而是对《监狱饭店》自我圆足的世界更感兴趣。即使好像身处时代尖端的小说家，其实也流露与潮流格格不入的气息。正如草野满代的解说，在饭店中出现的好像都属于与时代脱节，或即将被淘汰的人物（以上提及的角色均有相同的特质）。但他们各自拥有执持自身价值的骨气，甚至连长居酒店内的幽灵也流露相同气息，这一点反过来令外在条件奇特的"监狱饭店"，产生负负得正的日常化效果。换句话说，浅田次郎是以险奇笔锋起势，却以温婉自足的风格收局，丰富了酒店小说的版图和谱系。

酒店的异度空间

当然酒店小说的异域风，绝不仅限于现实客观的风景、物象。酒店作为闭合式的有形空间，绝对是推理小说的宝库泉源；而当中渗透如舞台装置式的建筑布置风格，那种人工化到极致的洗练，到处流露一种不寻常的非日常气息。对灵异小说而言，不妨看成飘浮着死亡的气味。

从推理小说系统出发，斋藤指出，松本清张、高本彬光及山村美纱等作家均以酒店为舞台去展开悬疑，推展铺陈，不过，最喜欢酒店舞台的始终应推森村诚一及山崎洋子，他俩可以"酒店小说控"名之也不为过。前者的《超高层酒店杀人事件》（1971）乃本格长编推理之作，后者则有《横滨幽灵酒店》（1987）为灵异恐怖长篇。而两人同时写作社会派写实商战风格的酒店小说，前者代表作为《银之虚城》（1968），后者则有《酒店女性》（1991），可说旗帜鲜明地建立起酒店小说的谱系。

然而，我认为更有趣的在于把酒店视为异度空间的寓言化处理手法，并由此大大提高文学性的想象领域，而村上春树当然就是个中高手。他的《舞、舞、舞》（1988）为"鼠四部曲"的完结长篇作品，其中就出现不可思议的海豚酒店。村上笔下的酒店早已满溢异域气息：家具褪色、所有的门均不可以锁好、电灯泡暗淡无光、洗面盆的栓塞也歪掉——简言之，就是无论谁也不想留宿的酒店。但正如村上贯彻的两端对照主题：海豚酒店正是"这边的世界"及"那边的世界"的连接场所，正因如此才弥漫浓烈的奇异风情。

正如福嶋亮大在《当神话开始思考——网络社会的文化论》（2010）中的观察，他认为村上小说中对有点儿老旧、又有点儿失去意义的事情独具的关心，大抵是村上文学的本质所在。那些微不足道的小事情在村上营构的流动世界中，往往仅占一小块的栖身之地，但却是其中的存在感之所在，组成村上文学世界的主要养分来源。

村上春树的《黑夜之后》（2004），当然可以更加名正言顺视为他对酒店小说世界的回应篇章——关于村上春树对微物细节重视到哪一地步，我建议大家可看看李长声先生"情人旅馆的字画"（收在2010年《日下散记》）一文，其中对村上如何善用相田光男的字画有精彩、独到的点评。只是我更想说：村上宏大的视野正好令情人旅馆的原来属性解放，把它重新诠释成与现实若即若离的异度空间；既没有回避现实中的危险阴暗面，但又成为救赎之地——把年轻女孩推离无尽黑暗。那正是我心仪的酒店象征变化——文学的趣味在虚实之间的交错游走，灵光闪现的一刻正由此而发。

作为幸存系的 AV 人生

虽然这样说好像不太好，但我由衷认为，拙著《AV 现场》称得上是本桥信宏《新 AV 时代》（2010）的普及入门对照读本。事实上，两书中提及的 AV 众生基本上属同时代人物，后者针对村西彻钻石映像及高桥雅鸣 Soft on Demand 两代王朝而发；虽然都是从采访角度出发，但本桥信宏同时具备第一身参与者的角色，阅读趣味自然大增。

或许首先应作点说明，《新 AV 时代》中的"新"乃对照于作者的旧作《AV 时代——村西彻与他的时代》（2005）而言，书中提及的并非当前刻下的日本 AV 状况，反过来聚焦于 1990 年代末至千禧年初，以日本的用语来说即 2000 年代前后的时空。先锁定《新 AV 时代》的时代背景，因为我希望从 2000 年代的时代属性切入，解读书中骚动不安的众生面貌。

宇野常宽在《零零年代的想象力》（早川书房，

2011）花了不少力气，去整理日本那个时代的转变特征。基本背景是大家均面对"失落的20年"，日本的经济优势一去不返，泡沫经济崩溃的影响切实地融入民生及精神领域，终身雇用制解体及兼职制度的常规化，加上援助交际、单身寄生虫、茧居族等社会问题不断涌现，在在反映出旧有思维及制度的瓦解。在诸种2000年代衍生的想象力回应中，我特别想提及的是幸存系精神取向：在没有既定规则可依的新世界中，以不断强化自己来求存（《七龙珠》）或研发"属性相克"的生存手段（《Jo-Jo冒险野郎》），八仙过海去寻找苟活下去的窍门。幸存系的代表作品，对我们来说最简单易明的就是《大逃杀》（高见广春的小说及深作欣二的电影），通过一些外来突变，如来自政府的命令，把普通人的日常生活如家庭及学校关系摧毁，然后强迫他们参加你死我活的生存游戏。演化下来加强了现实感后的精炼成品，就是甲斐谷忍的《欺诈游戏》（*Liar Game*）。

回到《新AV时代》，当中出现一众的AV人生（由泰瑞伊藤、村西彻、日比野正明、代代木忠及高桥雅鸣等），不正是活脱脱的幸存系活动人形？在他们身上，呼风唤雨只手遮天的纸醉金迷生活，与穷途末路潦倒街头，甚至身陷囹圄的起伏不断交替上演，每个人都竭尽所能演绎属于自己的蟑螂人生，生命力顽强至即使奄奄一息仍可东山再起。而我想进一步指出，他们身上流露的幸存系血脉，其实较 2000 年代的时代精神更加具备先行传道者的气息。2000 年代的幸存者精神或多或少是一种"被幸存"的体现，但如果仔细看以上人物的过山车经历，不难发觉背后均贯穿自虐者、完美主义者、空想家及自选幸存家等的狂傲气。是的，外在命运的波澜的确驱使他们在人生旅途上错落追逐，但村西彻在赤贫如洗的日子让儿子考进全国最难入的精英小学；高桥雅鸣在一帆风顺之际弄出市场上一败涂地的《空中 FUCK》千古奇片等（个人强烈建议大家找来一看），均不折不扣说明，时代精神可以主观创造。或许是因为媒体中人一向已被定性为异类他者（泰瑞伊藤是日本电视界的神级幕后人物，而高桥雅鸣是他得力的左右手），所以失落的二十年对他们无甚意思——因为即使在日本电视的黄金岁月中，他们也没有享受过安定平稳的日本神话保证，无常变脸本来就是业界唯一不变的定变法则。因此他们体内的幸存系基因较任何人都更浓烈——本来无常事，何处惹物哀？如果流行文化中的《大逃杀》及《欺诈游戏》属日本人幸存主义心态的曲折反映，他们大抵会嗤之以鼻，高言倡论自属"全身幸存者"——浑身上下表里均绽发幸存者的无尽潜能。

我只是想说：其实我对日本 AV 业界的认识，也早已随《AV 现场》停滞在 2000 年代前后的光环中，本桥信宏的《新 AV 时代》不过更精准及深刻地去强化以上的风华颂歌。真正的新 AV 时代出现了吗？还是如同日本一众流行文化，踏上下行滑坡褪色的轨道？期待真正新 AV 时代的降临，以丰富 2010 年代的想象力。

小说的棒下不留情

日本是棒球民族，这一点自然不用多说，他们对棒球的着迷入魔程度，只要开启电视机，一到晚上直播棒球比赛的节目，差不多每天可见。既然棒球堪称日本的国民运动，那么小说上的棒球演绎当然也属宝贵财库，作家对此念念不忘，自当必有回响。

棒球小说的特质

我觉得斋藤美奈子在《文学的商品学》中，对棒球小说的定性观察有一矢中的的效果，她断言小说中的棒球呈现，说穿了就是一种"失败者的美学"。然而，无论命相如何不同，其实内涵均一都是在表现对失落、遗憾乃至无奈的感慨情韵。

作为一种归属于运动范畴下的小说内容，斋藤美奈子指陈，棒球小说具备一些自身的元素，对小说构成而言颇为有利。首先，它表面上好像是一种群体竞赛活动，但与一般的队际运动比赛相较，棒球重视个人技巧的程度较高，简言之在群性的护荫下，其实大部分的目光焦点均集中在投手及击球手身上，对小说游走于个人与群体之间，公私角力等元素，都有切合运动本质的设定。

其次，因为日本是棒球国家，小说家容易找到与棒球对应的现实素材融入作品，事实上一般的日本男性，夸张一点而言可说是被棒球规划了整个人生。由校园的少棒队开始，延伸至高校棒球、大学棒球、社会人棒球（不少公司企业都有自己所属的棒球队，也有相对应的联赛）乃至职业棒球，等等，本身就涵盖不少人的整个人生，由出生至成长乃至退休，都离不开棒球经验。

除了以上斋藤的观察外，我认为棒球作为运动项目，在赛场上的共时性幻变元素特别浓厚，也更能带出一种分秒变色的扣人心弦效果。大家都明白，即使在对手领先的情况下，只是在一局中有多人上垒，一记全垒打随时便可以逆转形势，那种触动神经的刺激程度，又同场上每一个岗位的表现攸关。此只要投手把球送出，场上所有运动员都开始起动、变化，彼此的共时性左右大局转变，往往令人看得目瞪口呆。看过由外野手发动狙击跑垒对手的捕杀战争，大抵便会认同我所言非虚，而不少棒球小说也正好抓紧逆转趣味而发。

从战后走过来

就从脍炙人口的《濑户内少年棒球团》（1983）开始入手吧，小说因为在1984年被筱田正浩拍成极为卖座的同名电影，于是广为人知。故事是以战败两三年后的淡路岛为舞台，以小学生所组成的棒球队为焦点加以刻画。他们身处战后一无所有的匮乏时空，队员连基本的棒球用具配件也没有，文中用"棒球石器时代"形容绝无夸饰。后来因为小学一位女老师的丈夫在战后复员回乡，大家本来均以为他已战死沙场，原来不过丧失一只脚，加上他又是曾经在甲子园上场的传奇棒球人物，于是由他带领令这队淡路岛的"江坂老虎"燃起一线曙光。可是到了与强邻大宫巨人正式比赛的时刻，一个回合便已经以十四比〇落后，大家才明白棒球的残酷现实……

正是上文提及的败者美学原型示例，作者阿久悠一早便清楚地以棒球作为一代人的隐喻。位处偏远离岛的一众少年，无论男男女女同样需要面对战败的洗礼，而通过棒球便提供一个机会，让他们得以具体感受那种时不我予的现实无奈。大家都企图借棒球来作为梦想的寄托，但能够借此扭转人生的，毕竟凤毛麟角少之又少，利用棒球来击溃理想的小说构思安排，我们不难察觉。

然而这也正是败者美学的体现之处，棒球小说作为一种呈现日本文化的次类型而言，往往突出梦想与现实之间的冲突，前者通常也会被后者吞噬。然而即使如此，却从来没有左右日本人对梦想前仆后继的追求，实情是文本中时刻歌颂对前者的眷恋及向往。换言之，通过棒球来表现出对梦想的热情，最终与结局的成败并无关联，一切不过及身而止，而当中投入的热情正好可以用来燃烧岁月，好让将来自己可以有追思、缅怀的人生经历。

东野与伊坂

如果我们把时空扯回眼前，其实不难发现万变其实仍不离其宗。东野圭吾的《魔球》正是货真价实以高校棒球比赛作为背景，建构出连续杀人案件的推理小说。但在一众类型元素的迷雾掩饰下，他依恋不息的也是天才投手须田武志的失败者人生。他来自破碎家庭的成长背景，迫使他以棒球上的才华去追逐乃至探寻物质与精神上的补偿，结果以生命来作为换取代价。东野很清楚棒球小说的失败者美学传统，也沿此正色经营自己的起步作，东野虽然是以1985年的《放学后》打出名堂，但其实《魔球》在1984年已完成，且属江户川乱步奖的候补作品。

在伊坂幸太郎的"洋芋片"（收录在《Fish Story 庞克救地球》）中，这就演化成一种双重失败者美学的挫败物语。主角小偷今村和不受重视的职业棒球队员尾崎在医院出生时被换转，前者知道一切，而后者却懵然不知。今村为弥补养母失去一名职棒球员儿子的遗憾，暗地里竭尽所能去保护尾崎，甚至不惜铤而走险，以非法的手段为尾崎争取上场表现的机会。最终尾崎也不负众望，在危急关头击出全垒打。两位现实中的失败者，在互不知情的交会下，在小说文本中为人生创造出一次胜利的经验，收到负负得正的效果。当然，伊坂明白棒球小说的可能及不可能性，在制造出高潮前，他已经借小说中一名角色黑泽的口中，精准道出棒球小说的核心神髓：不过是全垒打，救得了人吗？

世界当然仍然在如常运作，不过全垒打仍是要挥出的，这也正是日本作家还是继续要写棒球小说的硬道理。

《沙漠》中的苛责社会隐喻

伊坂幸太郎的《宅配男与披头四摇篮曲》（2007；以下简称"《摇篮曲》"），曾经在日本酿成文学界的小插曲。书于 2008 年获书店大奖及山本周五郎奖，然而伊坂后来推却了直木奖的提名，自然惹起风言风语的揣测。在日本的文学奖体系中，以上都可视为大众文学的受欢迎程度及业界肯定指标，正如李长声先生引述"新宿鲛"系列作者大泽在昌的直木奖获奖辞：最初得到小说推理新人奖是进了公司，得到日本推理作家协会奖或吉川英治文学新人奖是当上股长，而获得直木奖则是晋升科长——正好说明日本大众文学奖项的潜在金字塔结构。

青春与建制

事实上，伊坂在 2004 年已凭《家鸭与野鸭的投币式置物柜》获吉川英治文学新人奖，而2005年再凭《死神的精确度》获日本推理作家协会奖。换句话说，他所走的正是大泽言及的文学金字塔路线，问题是为何突然不想当大众文学界科长呢？

我觉得这正是一个有趣的抉择。《摇篮曲》之所以被看成伊坂某一阶段性的高峰，与其中加入社会性的元素有莫大关联——现任日本首相被暗杀的设定、仙台市全装上保安盒在监察一切、官僚系统不辨黑白的滥权违法，以及媒体只求炒作不究真伪的风气等等，全属诱人捧读小说的趣味元素。

但只要细心留意，自可看得出小说的设定乃由《沙漠》(2005)悬而未结的"总统男"而来——他一心想在仙台攻击美国总统；而在《摇篮曲》中化身为暗杀现任日本首相的布局，成为拯救被诬陷的青柳雅春之杀人魔三浦。事实上，伊坂在小说中有意识地强调社会元素的安排，不过仅止于第三章"事件发生的二十年后"，设定由一位报道文学作家经追踪查缉后作出的交代。简言之，那是声东击西的掩饰，也抗衡所谓类型小说作家要更上层楼，必须要有更宏观的社会视野之滥调定见——反过来，伊坂更反其意而突出"背叛"的重要性，这才是伊坂青春文学的真身和本质。

在无孔之网中徜徉

伊坂在接受《谜诡》访问（第四期，台北城邦，2009）时直指，《摇篮曲》最初构思是想写一个人从看不见的、巨大的对象手中逃亡的故事，然后才演变成最后的情节，并非想通过小说内容讨论政治问题。我认为这是由衷之言，事实上由《沙漠》乃至《孩子们》（2004）走来的伊坂，一直流露被无形机制处处约束的潜在困顿，从而呈现庞大的无力感。

伊坂的责任编辑新井久幸说得好，他留意到时常有人说《沙漠》中的西嶋及《孩子们》中的阵内很相似，那当然不仅指表面上的爱说话的个性，究其实两人都是通过无休止的言谈，去宣泄内心的困乏、抑郁。阵内在银行中甚至不怕劫匪的枪械，坚持自己的多言多舌，甚至引吭高歌来左右气氛。西嶋表面上好像愤世嫉俗，但暗地里却又一直脚踏实地苦干，由学习保龄球为鸟井解窘，到以亮灯来为断臂后的朋友打气，全属一言不发的务实行事风格。那正好是在无孔之网中自求多福的坚持，而通过语言流露的狂妄、异常，甚或孤高难缠个性，显然就是一种保护色。一方面用来平衡自我以免失常，同时也是延缓的手段，好争取时间以谋对策。阵内真正的释放乃于"内在"中，向恬不知耻的老父挥拳相对后才走出阴霾；而西嶋去抢回东堂当女友，恰是正视自身感受的勇毅举动。

《摇篮曲》不过把身处的无孔之网，更加形象化地以青柳被诬陷为暗杀首相的犯人，被迫逃亡来突显隐喻。然而，细心的读者自可留意，即使貌似在批判作为"老大哥"的日本官僚系统，其实也不过为一枚棋子，借用被杀首相金田贞义的说话："日本人总以为一切都是出于自己的意志，其实只是被巧妙操控。"那当然是指对美国唯命是从的日本政坛，也由此反讽地建构黑幕无处不在的同流感（小说不断以被诬陷为暗杀肯尼迪的凶手奥斯华来对照青柳）。对伊坂来说，所谓青春的行进其实理至易明，就是从一开始便要从社会的种种无形约制中逃逸——摆脱家庭、职业、社会乃至世俗定见。证诸伊坂本人的现实选择，大抵便不难捕捉小说人物的原型。

伊坂的下雪物语

在芸芸伊坂幸太郎的小说中，为何会泛起一谈《沙漠》的冲动？是的，《沙漠》在伊坂的小说谱系中不见得特别超卓，惯常的母题及设定也同样处处可见。首先，以郊外区域作为小说舞台，正是伊坂的惯技，《沙漠》选用的是仙台，而《家鸭与野鸭的投币式寄物柜》

就用了在郊外的大型书店为焦点地景。

当然，和其他的伊坂小说也相若，《沙漠》是构思精妙的流行文学小说，既确立了明晰的象征意象（让沙漠下雪），同时又混合了各种次类型——青春热血元素当然以四名主角患难与共的友情为中心，小说末尾借不相干的闲角莞尔之口，道出"其实我一直很想加入你们"；又借兼职职场中古贺先生形容他们为"神秘莫测的集团"；甚至利用校长在毕业典礼的致辞上，点明"人生中最大的奢侈，则是紧密的人际关系"，从而确立他们与众不同的形象。

与此同时，小说中的推理悬疑元素自然不可少，由鸟井被撞倒而截肢，到西嶋与北井锲而不舍去连续抢盗，再到最后鸟井经苦练搏击后制服恶党而出气。支线自然就是总统男的出没及落网。到最后还有为人欢迎的爱情元素，由北村与鸠麦平凡顺利的交往，到鸟井和小南经患难见情真，至最波折的狂躁愤世之西嶋及冰霜美人之东堂的动人故事，都是诱人捧读下去的巧妙设计。再加上小说花了大量篇幅在说明打麻将的乐趣上，自然是对"麻将萌"的呼唤和颂歌。

以上伎俩是一众日本流行小说高手的共通能耐，不过，伊坂自然也有个人的标记。当前炙手可热的日本文化评论家宇野常宽在"郊外文学论"（《思想地图》，2011

年春季号）中，直指伊坂式轻小说的标记手法，一方面是通过小说游戏程序提高趣味（有时候融入 SF 元素，如小南角色拥有超能力的设定），同时响应村上春树以降确立的都市及郊外对立空间的母题，以郊外空间作为舞台背景，象征外部世界的沦丧，然后以不可回避的故事发展，令主人翁在制约的规限下，逐步去寻找回归及重新建立联系之路。这正是提升流行小说内涵的法门之一。

沙漠下雪的象征

伊坂幸太郎在《沙漠》中不断反复强调的沙漠下雪象征，其实已经可谓以画公仔画出肠的方式作透彻的解说。在小说结束前加插的北村自白再一次点题："四月，开始工作的我们，将会在'社会'这个沙漠的严苛环境下，遇到超乎想象的难题。沙漠干涸无比，充满了抱怨、讽刺、屈从与叹息；在那里，我们每天拼命挣扎、克服，不久，一定会融入其中。"很明显，沙漠正是社会乃至人生的隐喻，而沙漠下雪正是突破掣肘局限的乐观期盼，也是叫人可以坚定步履行走下去的动力所在。

若要与其他的伊坂小说区别开来，《沙漠》中西嵨正好有特殊的位置。他在大学入学的联谊会中，早已质

问他人:"世界各地都在打仗,我们却在这里做些什么呢?我可是在谈论和平耶。大家怎么都愣住啦?"他的特立独行,一方面为自己赢得万人迷东堂的芳心暗许(后来他拒绝了东堂的告白),同时也往往成为突破瓶颈的钥匙(当鸟井截肢后走不出阴霾,西嶋好不容易约齐伙伴在鸟井家打麻将,然后在外边的大厦亮起了"中"字的灯饰,前者才得以苦笑着恢复为过去的"自己")。

正如宇野常宽所言,西嶋的存在起了补充勇气的功能,他的放言高论当然不可能改变什么。小说中以时常在晚上袭击貌似美国总统的总统男作映衬,总统男最后被捕也只得西嶋的深切共鸣,而他最精警的回应是:"总统并不在日本,并不在仙台。"换言之,他由衷深知眼前的无力感,任何反建制的狂态于刻下的沙漠社会中,都只会被视为异端而绳之以法。

伊坂故意把国际政局大事置于仙台大学生的成长物语中,正是把都市及郊外的二元对立空间作延展,显现郊外空间的荒谬性——本质上可接受如都市般的密集信息,但又异化地好像一直置身事外。以上错位令郊外空间的幻境更加尖锐化,也是一种"反东京梦"的书写及思考过程(相对于日本流行文化中,一直对"上京"——去东京实践梦想作出多角度、大规模的密集呈现)。身处空间或许不同,但心底里困惑其实从来没有区别。

东野圭吾的幻术和趣味

东野圭吾小说取材遍及社会的不同层面，通过它们自然可以认识日本的真实面——尤其是黑暗的一面。严格来说，他的小说没有商战小说类型元素——虽然如《流星之绊》是由料理店配方之谜而牵引命案的格局，而《布鲁特斯的心脏》也涉及机器人公司的内部角力，但基本上都是以推理小说的范式作为蓝本，商战乃至背后的诈骗布局始终属甜品地位。

东野的商法幻术

然而，我认为，即使这样也绝不妨碍读者的阅读趣味，而当中可大大提升小说处境的现实性，令人有置身于日本社会的高度存在感。对我来说，《时生》及《流星之绊》留下的印象较为深刻。前者提及主角拓实年轻时是浪荡儿，担任的工作也和诈骗有关，那原来是一种问卷欺诈的布局——先在东京街头找上一些看起来土头土脑的外来青年，通过问卷调查攀谈，借此了解对方身上有多少现金，然后再就金额数目拟订相关策略，把没什么作用的所谓旅游优惠券推销出去。当对方不知所以上钩后便立即翻脸不认人。欺骗到的虽然都是几千至一万日元的有限金额，但正好反映社会的险恶无处不在，无论身处何方、位于哪一阶层也不能幸免。

至于《流星之绊》更可说是把骗术作洋洋大观式的展现，切入点是父母被人杀害的三兄妹，本来身世已经非常悲惨，但东野更落井下石在他们的成长阶段加插了很多被人骗财的经历，为三人借此契机把心一横成为职业骗徒做好了"报复"的铺垫。而他们所用的伎俩更加精确、缜密。由于三妹静奈姿色过人，于是常以她为饵，诱使他人堕入桃色圈套，从投资基金到保额业绩等不一而足，总之就是以楚楚可怜再加上细致的商务资料背景，令目标堕入网中不能自拔。

我被东野吸引的不仅是商法幻术的趣味，更重要的是作者显然对社会的生存法则加以严正批判。事实上，正是病入膏肓的社会毒性迫人走上魔道，静奈最初也是中了资格商法的陷阱——被人诱使参加美容师资格的课程，后来才知道受骗。换言之，强化了不是人吃你、就是你吃人的魔性本质，当然也有如《时生》中拓实撒手不干的安排，但东野对社会的阴暗面还是冷嘲暗讽，大家只能成为共犯，堕落下去。

东野交叉术

当一个作家的作品达到一定数目，自然而然就会形成一个角色人物的交叉网络，于文本互涉的层面增加了不少趣味，而对这些方面最为敏感的，通常自然属于粉丝狂迷团。

在东野圭吾作品研究会中，我觉得对东野小说的趣味探寻已经超乎常情。把《白夜行》与《幻夜》联系起来，固然属较为明显且有迹可寻的联想。事实上，雪穗及美冬的犯罪手法（通过不断更换身份去控制人生），以及有影子同伴在背后成为奴隶兽（亮司与雅也），也可看成一脉相承的设计。而前者完结于 1992 年的 12 月 24 日（以亮司之死作闭幕），对照起自 1995 年 1 月 17 日阪神大地震揭开序幕的后者，正好在两年的经济低迷期的真空，读者可以想象，雪穗如何化身成美冬再度行走江湖。

至于环绕三兄妹复仇记的《流星之绊》，研究会也同样留意交叉术的痕迹。当大哥功一、二弟泰辅向嫌疑犯户神行成求证时，他们在电话中假装是神奈川县警本部的刑事草弹及加贺，还故意提到正是 SMAP 草弹刚的草弹与加贺麻里子（女优）的加贺。然而前者正是《侦探伽利略》中同音同姓刑警草薙俊平的变身，后者自然更加呼之欲出，可看成加贺恭一郎系列中的加贺降临……

不过真正教我佩服的是，在《时生》中当拓实在的儿子时生于未来回到过去的时空后，终于把父亲导回正轨，成为印刷厂实干的小伙子。小说中有一小片段，说的正是班长在责骂拓实不小心，把"多惠子"的活字误弄成"多惠予"，还被前者直斥名字是"桥本多惠予"。然而眉精眼企的粉丝早已留意桥本多惠子的名字，正是《秘密》中被母亲借用躯体的杉田藻奈美之老师。也即是她父亲杉田平介一直在心底里常存好感，但碍于妻子杉田直子的人格神志仍在身边，才不敢有进一步的追求行动。《时生》及《秘密》的本事均涉及神秘的灵幻处境——前者是儿子从未来世界回去改变父母的一生，后者是车祸后母亲借女儿身体还魂；在这重意义上，把两者联结起来也未尝不是合适的选择。

虽然以上不过是阅读小趣味，但也正是体系化的东野世界中的吸引之处吧。

伊坂式人物迷宫

与东野圭吾的处理手法稍有不同，伊坂幸太郎编织小说内部的人物网络时，往往较为明显，很多时候以两两相扣的方式来组织，A 小说中的主角在 B 小说中可能成了配角，甚或是过镜式的闲角。简言之，就是尽量不用浪费刻意经营的人物魅力，好让他在不同文本时空中有重新出现的机会。

这种组织过程于处理人物的性格上，可以有仅取其形，又或是涵接发展的不同模式 在《死神的精确度》中，名为千叶的死神，职责是以一星期去调查不同对象，然后决定他或她是否值得及应该丧命。大抵是这种角色太过独特，于是伊坂偶尔都会征召千叶出场来预警作用，于《重力小丑》中小春及泉水两兄弟，都分别曾有与千叶擦身而过的体验。至于在《魔王》中就更加明晰，拥有超能力的安藤，因为公司的电脑坏了，而器材管理部派来的维修员工正好名叫千叶。最终当安藤打算去阻止极右倾向的政治家演说时，他在被其他异能者袭击至死之前，正好在人丛中看到千叶，恰好呼应了千叶充任担当的身份。

另一个耐人寻味的角色就是黑泽，他是《华丽人生》中的主角之一，正职是小偷，副业是侦探。《华丽人生》

把弄的是数日间内发生、同步进行交错的人物交叉叙事诡计模式，可说是推理群像剧"考牌作"。及后黑泽便背负以上两重身份在不同作品中游走，于《重力小丑》中泉水拜托他去调查名为葛城的一名男子身世，而在《Fish Story 庞克救地球》中更两次出现——于 *Sacrifice* 中是主角，而在"洋芋片"中则成了今村及大西的心灵导师。事实上，导演中村义洋更把原先出现在《华丽人生》中的情节，移花接木到"洋芋片"的电影版中：一名年轻人与黑泽讨论牛顿力学的问题，但当时并没有今村的名字出场。而且小说"洋芋片"中，黑泽更再度以小偷及侦探两重身份登场。

至于在前后发展式的人物而言，则不得不提阵内了。他在《孩子们》中以主角登场，通篇警句，即使成为人质被困于打劫银行的现场中，仍然毫无惧色高歌娱人，是伊坂笔下极为耀目的小说角色。后来在《沙漠》中，西鸠曾遇上一名奇怪的家事裁判调查官，他总会借书给年轻人。而其实在《孩子们》的其他篇章中，阵内正好已成为家事裁判调查官，而且曾借芥川龙之介的《侏儒的话》给同事武藤，内里却夹杂很多从公厕找下来的冷笑话，结果成功协助武藤与问题少年破冰。

伊坂式的人物网络图，正是如此一点一滴地编织而成。

桐野夏生如何格杀爱情?

桐野夏生的 *In*（2009）2012 年首次在台湾出版中译本（《*In* 格杀爱情》，麦田），自然可以进一步丰富我们对暗黑女王的认识。从她个人的书写脉络来看，*In* 可谓与《残虐记》（2004）和 *Out*（1997；中译本《*Out* 主妇杀人事件》，麦田）的联系至为密切，也分别披露作者写作上的纵深探索。

后设小说的入局破解

In 以作家铃木环的创作过程为经线，指出她的新作正是以著名的小说家绿川未来男的《无垢男》为蓝本，深入探讨以私小说形式表现的三角关系纠缠：即作者绿川、妻子千代子及第三者 O 子。小说正是以寻找谁是 O 子为纵轴，推展 *In* 的整体情节。

在此先岔开一笔，日本的文化评论家福嵨亮太早已指出，桐野夏生笔下虚拟的绿川未来男及其《无垢男》，其实是以著名作家岛尾敏雄的《死之棘》（1977）为摹本设定的。《死之棘》是著名的私小说代表作，记述夫妻于战后一段日子的困兽相处。妻子结婚后的十年，一直只凭丈夫微薄的稿费及版税收入，勉勉强强连同孩子过着胼手胝足的岁月，自己的身体也累坏了。然而，丈夫只顾与文学界的伙伴往来耍乐，更和其他女性有暧昧关系。当妻子知悉后，登时一改常态，表现出诸种精神异常的行径，甚至有自杀倾向。就以上述情节而言，读者已可嗅出与 *In* 中插入《无垢男》一章的类近气息。

事实上，桐野混淆视听，制造似是而非的错觉，本来就是 *In* 的题旨之一。书中出现大量的虚拟作家名字，由文学团体到不同党派的龃龉，然而她又不避分歧，偶尔插入真实的日本文坛事迹，让读者迷糊。比如，桐野竟然把现实中的圆地文子对林芙美子死后的冷嘲直录下来："林是幸福的人，这么说虽然失礼，但她的照片比本人长相出色许多，小说比本人优秀。如今她的缺点随着本人的死去一同烟消云散，只剩优点留在人世。"可见她的精密算计贯彻全书的脉络。

回头再说《残虐记》的对照。《残虐记》以新潟县柏崎市的少女监禁事件为蓝本，把三十七岁的犯人佐藤宣行自中学毕业二十年以上，一直在家中过着隐蔽青年的生活，并把路过的女孩作禁室培育式凌辱的真实事件转化构思。小说中的受辱女孩景子长大后成为著名小说家小海鸣海，在创作进入瓶颈期时，收到曾禁锢他的犯人健治于狱中寄来的书信，便毅然出走，从此杳无音讯，只留《残虐记》文本给丈夫，再转交编辑手上。小说内同样出现后设的对照文本，即景子于小学至中学期间写成的"犹如泥泞"，把当年的被禁锢经历写成疑幻疑真的小说文本，从而成为反抗乃至让自己重生的工具。

*In*中铃木环对绿川未来男的小说重构，固然就是《残虐记》中"犹如泥泞"的扩大版——如果《无垢男》是以男性沙文角度去诠释爱情在男女角力中如何烟消云散，*In*同样也在指陈即使男女权力易位后，问题只会以不同形式持续显现。小说中铃木环与编辑阿部青司同属已婚人士，却一起堕入不伦恋的旋涡，还弄得沸沸扬扬，成为业界内无人不晓的八卦头条。

桐野借执笔者作为故事叙述人为隐喻，点明无论是男是女，其实均只能以一己角度，后设地去解读及重析一切。她借千代子之口点明真假的虚妄："因为所谓的真实，在以为写下真实的一刻，写出来的东西就成了虚构……从这个角度来看，所有的文字作品可说都是虚构。"作为类比的延伸，任何通过文字表述的爱情，其实也是虚假的，这也正是后设小说写作的终极旨趣所在。

内外的张力

另一自我发展的脉络便是由 *Out* 而来的线索，福嶋亮太在"由 *Out* 到 *In*"一文中指出，桐野自从凭 *Out* 成名后，经常以改编社会触目案件的手法来建构小说，逐渐奠定读者心目中社会派作家的印象。由 *Out* 开始，她的视线似乎倾向放在"社会的落伍者"身上，四名无论从家庭、职场、爱情乃至人生上均郁郁不得意的主妇聚合，终于成就了一宗骇人听闻的连环碎尸奇情故事。《残虐记》中无助的小女孩、《对不起，妈妈！》（2004）中的杀人女魔头，乃至《燃烧的灵魂》（2005）的可怜初老未亡人等等，均不约而同通过审视社会的弱者（不一定是物质意义上的），去展示由外而来的转化压力。

福嶋亮太想突显的是，*In* 如书名所示（明显与 *Out* 构成对照的设定），恰好道出作者想由外而内作出转化尝试的用心。换言之，*Out* 乃通过外在的事故（accident），把平凡的主妇导引成犯罪者；反之，*In* 则是通过从架空小说所生的事件（incident）出发，徐徐释放内在想象力的强度，从而去铺陈层层递进的自我反省。

我认为桐野从来具有持续学习的作家特质，换句话说，她不断把既有的母题或技法深化发挥，从而踏出下一步的足履。桐野由 *Out* 到 *In* 的内转，其实也在诘问身为作家的能力界限。小说中的环疑幻似真书写青司于病榻来访的片段，最能道出书写的终极界限："自己笔下的虚构必须凌驾于现实。环和青司都相信优秀的虚构拥有足以改变现实的力量。然而，现实是'青司的死亡'，此刻现实不是向他们展现谁也无能为力扭转的绝对力量，试图要扳倒环吗？"

那正是作者含蓄的谦卑告白，在日本"世界系"想象力量扩展至无远弗届的时空氛围下，我认为 *In* 正好有提醒大家创作局限的作用。

桐野夏生的残虐性念

桐野夏生一向被认定为"重口味"的小说家，不少作品针对现实中的犯罪案件而发，再加上小说的加工，产生出独特的趣味。2003 年的《异常》以震撼一时的"东电 OL 杀人事件"为蓝本创作，翌年的《残虐记》再接再厉参考新潟县柏崎市的少女监禁事件，完成令人喘不过气来的阴冷、暗黑之作。本事为 2000 年的"蛰居族"

大新闻，三十七岁的犯人佐藤宣行诱拐、禁锢九岁女孩，九年中自己也过着足不出户的日子。如果不是因为佐藤家中的家庭暴力问题引起警方的关注，少女被拯救的契机还会遥遥无期。

想象即现实

早在 2004 年 12 月号的《青春与读书》中，心理精神分析学家斋藤环与桐野夏生在对谈时，曾触及后者时常把现实案件转化为小说素材的话题。而桐野直言对一般犯罪小说的类型处理手法无甚兴趣，因为均属早知结局的安排，她表明无力、也无心去做细致的资料搜集工序，还用了一个比喻来说明：就好像在垃圾箱内找到一件怪异的物品，即若已经不俗，但自己倾向让想象萌芽生长，这样做来得更快乐和惬意。桐野最后明言，感到要把小说中的真实强化，就要把虚构作为非常有魅力的世界转化出来。

斋藤环后来在"《残虐记》的两个谜——阅读桐野夏生"中，进一步阐述他对桐野夏生案件改编式的小说看法。他指出，桐野对案件的真相从不执著，因为她确信能以虚构的"真实"来抗衡所谓的"现实"。斋藤分析一般的犯罪案件，通常都是到达一定的临界点才被侦破或揭发，而所谓的真相其实无论对谁来说，也无法百分百确切认知。所以案件能触发身边人的想象力，这一点反而令作家更加趣味盎然。

斋藤认为桐野是先开始下笔，然后逐步沿故事发展建构的一类小说家，推动故事情节发展的最大动力因素，其实建基于出场人物角色的关系之上。而这种关系并非出于一种预先植入的模式，当中受动与能动、施虐和受虐，乃至优劣上下的对照位置等，各种元素都处于充满变动的状态，以此推动故事的发展方向。正是因为有以上的持续运动，小说才不断出现戏剧性的变化。由现实中的案件出发，转瞬间便借着想象之翼而远翔他界。

解谜的联结

上文提及的斋藤环文章针对《残虐记》提出了两个谜团，我认为正好可以作为阅读的切入点。斋藤首先指出，小说中的主角景子于十岁时被一名工人健治诱拐，过了一年的禁锢生活后才获拯救。后来健治因此服刑数十年，而景子也化名小海鸣海而成为著名的小说家。

斋藤提出的第一个疑点为健治于刑期结束前，冒犯禁之险寄了一封信给景子，而景子不久之后就失踪了。

134

信中最后一段，健治写下"老师，真的很对不起！可是，您不原谅我也没有关系。我想，我也不会原谅老师的。请多保重！"作为施虐者，为何在信中会转为受害者口吻作出反击控诉？

另一谜团是文中主角忽然以"性的人间"来描述自己，而且成为小说后半部分的关键用语，究竟所指为何？（在此先岔开一笔，《残虐记》的繁体中文版由台湾新苗文化出版，王倩翻译，但却一直把"性的人间"译作"性情中人"，这是一个严重的偏差。）

斋藤对两个谜团用区别的手法来处理，他指出"原谅"有时候包含关系和故事终结的意思，"不原谅"的态度正好对景子构成极大的谜团，于是诱使她走出自己的家庭寻找解谜的方法。小说虽然没有交代景子失踪的原因，但斋藤确信函件必属关键"道具"，换言之也是情节发展的支点。

对我来说，"不原谅"的重要性，远远超越推动故事情节的作用。健治的"不原谅"正好是"反监锢"的逆向施法，世俗观念为健治施虐凌辱女孩罪不可恕，凭武力去监锢对方是肉体上的表现，但精神上的禁锢术才是更高深的层次。

景子成为作家鸣海后，某种程度是以出卖自己的阴黑经历来建构人生成就，其中包含通过任意释放的想象力，向健治施虐的成分。两者的冷酷阴险可谓不相伯仲，而健治的信件正好通过以其人之道，还治其人之身的方法，把禁锢术推上极致高峰——景子因为抑压不了自己想象力的旋涡，对健治产生莫大的兴趣，同时也属挽救个人事业与人生的契机，所以自愿再次成为受虐者，这才是桐野夏生刻意经营的莫大反讽。

"性的人间"之思考

　　回到"性的人间"的谜团上，那是指景子在小学最后一年，开始了幻想的游戏，把与健治的经历，逐渐生成转化变成一篇小说之中的小说"犹如泥泞"。"那天夜里，我的幻想仅仅是发了一片小芽，从那以后，我每晚都为它浇水施肥，培育它成长。这个幻想带给我意想不到的结果，那就是原以为将会是异常痛苦的最后一年小学生活，竟然也熬了过来。新的屈辱与伤害变成了我的肥料，培育了我夜晚的幻想，我因为有了夜晚的幻想，而对外界坚强起来。"即使升入中学，景子仍继续润色及增添小说的内容，换句话说，它成为作家鸣海的成长之路。
　　桐野夏生 2004 年接受 Yahoo! JAPAN 的访问，曾明言想象力的重要性。她认为没有想象力而只有欲望的人，某种程度而言就是犯罪者；通过启动想象力，正好可以成为与没有想象力却只有欲望的人斗争之手段。而被欲望包围，甚至连肉体及精神也一并夺去的通常都是弱者，较男性而言，女性及孩子更加如此——这是一场残虐的斗争。

斋藤环沿此思路，点出景子的想象力恰是对抗"男性之谜"的手段，也是她保护自己的法器。而当中任由想象奔驰的景子虽然到了三十五岁时仍是处女，但在"犹如泥泞"却充满污秽的性想象，那正是她自叹成为"性的人间"之契机。

谷崎润一郎及大江健三郎的共同元素

想不到《残虐记》之名，在日本文学的谱系中早有前科。斋藤环指出，原来谷崎润一郎早有同名的别作。那是一篇未完的小说，讲述一段男女的三角关系，而以杀人事件的推理形式包装。被杀的男子是一位自杀不遂的常客，可以的话一直希望可以喝下毒药而伴随痛苦离世。他认为人生的快乐顶峰就是在妻子的目送下，完成以上的自杀举动。男子本来和爱妻一直过着旺盛的性生活，但因为原爆的关系，他变成性无能，也自此失去了生存的欲望。无论妻子如何努力，他也未能重振雄风，只能日复一日过着行尸走肉的生活。另一方面，妻子为了延续生计，在空袭后烧毁的荒地上开始经营食品店，而因为雇佣了另一男子帮忙，故事的三角关系正于此启端，可惜小说忽然就在此终结了。

斋藤环想指出的是，桐野版及谷崎版的《残虐记》，都是以经历悲惨事件的人物为主角，描写他们处于性无能的状况，然后通过想象力的膨胀去展现故事的生成。谷崎的小说虽然未完成，但从开首出现的丈夫遗书中，已知道让妻子目睹自己因苦闷而死的姿态，正是他最终的性幻想展示。换句话说，桐野也不过在将谷崎心目中对"性的人间"之想象，作了进一步发挥，从而构成《残虐记》的骨干，让故事再次衍生。

提起"性的人间"，我也不自禁想起大江健三郎的同名中篇"性的人间"，其中主人翁 J 正是一名双性恋的浪荡儿，前妻因为接受不了他与其他男人的鬼混，竟然自杀了。而他的现在妻子亦与人通奸求去。J 自己是一名电车痴汉，甚至与一些志同道合的同好一起狩猎，最终他在自我催眠式的情况下，故意在众目睽睽下触犯痴汉行为而被拘捕。

我想指出在两篇小说中出现"性的人间"的关键词，一方面均涉及双性恋的行径，而更重要的是出现身份上的迷失，而"性的人间"大抵便成为寻找自我的手段。在"犹如泥泞"中，景子把健治及另一名工厂内的员工谷田部想象为同志，两者存在 SM 关系——健治少年时曾被谷田部凌辱，但为了被谷田部所爱，于是晚上与菲律宾女人交欢，好让谷田部可从墙孔窥淫作乐。景子也自觉受到冲击，对自己被男性污秽不堪的性想象控制而感到惊讶，但也陷于泥泞般难以自拔。

斋藤环的解说是，对一位迄今仍然未经事的"少女"（景子及鸣海）来说，勾引心神的纯粹想象力必将呈现高度猥亵和残虐。而没有被污染的想象力进一步追求高纯度的性关系，大抵就必然会航向同性恋方向——"性的人间"的身份由此确立。

于我而言，性的人间可谓紧扣不原谅而来，健治对景子的怨恨，其实在信中略提一二："我是十足的傻瓜，但我不明白老师您为什么要编织谎言。一想到您把我们之间的事以一种虚假的形式表现出来，我就无比担心。我极度悲伤，几乎想发怒了。"

我倾向把桐野夏生的想象抵抗论作逆向思考理解。与其说景子通过想象来与现实的凌虐搏斗，她其实是被健治的思维羁绊，俨然进入一种要解放自己就必须钻入健治内心的模式。

我当然并非指一种廉价的"斯德哥尔摩症候群"的

后遗反应，因为在这一过程中景子其实也充满机心。当选择中止与外界对话之际，尤其是对警察及医护一直好奇不已的性虐推想三缄其口，她显然已决定未来与世界打交道的方法：一方面以故事创作来复仇，把健治的所作所为"禁锢"于小说文本中——灵感当然来自禁锢期间的交换日记，是日记提醒景子所有人都有不同的面相；而文字正好有释放假面后告白的功能。其次，性的人间正是景子存活的价值。把凌虐经历收藏心底，不仅为了避免他人的飞短流长，更重要的那才是禁锢后生途悠悠的市场价值，也是世间对她保留剩余兴趣的焦点所在。

性的人间不仅是景子自己的身份追求，也是她的市场拓展手段，这一点桐野夏生其实一清二楚，她安排景子（鸣海）在江郎才尽、人气破灭之际才收到健治信件，然后作出人间蒸发的抉择，背后正好是"报复"社会的心态；唯其如是，自己才不会消失于世人的目光中。

从隐喻的角度去看《残虐记》，最恐怖的"残虐"其实并非在于肉体的禁锢或是折磨，而是文字上的角力——人生忧患识字始，当健治在信中表示自己努力读书，为了写信给景子而认真学习，两人的"禁锢对决"便一生一世、没完没了。真正的禁锢战场，就由有形的禁闭空间转为无形的文字网络，这才是我心目中最"残虐"的世相。

轻小说的生成变化

　　日本的轻小说（Light Novel）热潮，自 1990 年代开始确立名目，至 2000 年代趋于大盛。据出版科学研究所的调查，2004 年的市场贩卖额已达 265 亿日元，而 2006 年更推断增至 344 亿日元，可见完全是一门大生意。

　　BS 富士电视台在 2012 年 11 月 23 日也制作了"Content Business 最前线"的特辑，来探讨轻小说的成功关键秘诀。不过与此同时，轻小说的发展也并非完全一帆风顺，尤其是近年更有趋向色欲化的流向，与传统的情色官能小说有合流的走势。

　　《达文西》电子版（2012 年 11 月 20 日）指出最明显的例子，是岩崎夏海 2009 年的超畅销小说《如果高校棒球女子经理读了彼得·杜拉克》，现在于轻小说中已出现千匹屋某著的色欲化、嘲讽版《如果，彼得·杜拉克看过后仍不能取胜，于是醒悟了的女子经理人决定用肉体的话》。由书名的设计已充分看出恶搞与类型路线转化的未来方向，是以轻小说的现象确实不是三言两语可交代。

轻小说的起源争议

　　日本的轻小说早已成为流行文化版图的重要构成部分，回溯它的生成变化当然对进一步了解当代日本文化面貌有重大作用。一般而言，轻小说的命名者，都认定为 1990 年代初于"电脑通信"的科幻讨论区酝酿，然后由此拆伙的会议室负责人神北惠太定名。但因为既是轻小说作家，也属评论人的新城十马于《轻小说"超"入门》（东京 Soft Bank 新书，2006 年初版）中所云，轻小说都可说是自制新词的宣传命名策略。从出版界的传统习尚而言，同类型小说过去被称为"Junior"、"Juvenile"或"Young Adult"小说等，主要从读者对象出发。仅从年纪层面区别有一定的偏颇及限制，再加上 Young Adult的名目，容易惹来与 AV 的不良联想，所以媒体上经过一番消化后，终于锁定了轻小说的名目。

　　首先，就轻小说的出现，新城十马于有以下的解说：他认为狭义的轻小说，是指 1988 年由角川的 Sneakers 文库及富士见的幻想文库开始，出现大批的轻小说成品，而以 1990 年神坂一的超畅销小说 *Slayers* 作为标志性代表作。

但东浩纪在《动物化的后现代 2——电玩式写实主义的诞生》（讲谈社，2007 年文库初版）中，则直指要作明确的界定，即使以狭义的规范而言，其实也难有定论。因为轻小说是不断生成变化的载体，没有任何论者可以高踞主流解说的权威位置表述。简言之，就是不同的说明不过反映出论者的文学观、社会观乃至御宅族观。

据大冢英志的《人物小说的作法》（东京角川，2006 年文库初版）所言，他已把轻小说的起源分为三端。一是 1970 年代以前一直存在的"Juvenile 小说"，指以年少读者为对象，基于自然主义、写实主义基准生产出来的娱乐小说，代表作家为眉村卓、平井和正及井上庇等，作品基本上以 SF 及幻想类型为中心，但并没有特别明显的特征。二是自 70 年代出现的"少女小说"，如新井素子、折原美都及久美沙织的作品，大体上是作为动漫式写实主义的母体蓝本而存在。三是指由 80 年代后半开始，引入 TRPG（Tabletop Role-Playing Game）方法论而写成的"电玩式的小说"，代表作自然为水野良的《罗德斯岛战记》。它本属 1985 年出现的 TRPG 游戏，后来创作集团 Group SNE 充分运用其素材，1988 年开始由水野良改写成小说。后来更经多角度发展，成为东浩纪所指的一种"后设故事式的制度",把它进一步商品化,增加经济收益。

虽然不同论者似乎对源流都有不同的理解和诠释,但均或多或少指向迄今的终极变化——无论名之为"人物小说"、"电玩式的小说",甚至突出所谓的"游戏化写实主义",其实均不约而同指出:轻小说的时代背景,与过去的小说创作已有一定距离,这才是更加值得探讨的地方。

轻小说的众声喧哗

事实上,轻小说从来难以定型、定性,在日本维基百科的说明上,也可看到定义的暧昧。列举出来的特质大多有一定的游移性:由出版社标示的商标来加以界定;只是以出版商的市场策略为小说作市场定位;用动漫化的插画配合印刷,登场人物角色的印象及世界观均有固定化的设定;以人物角色为中心创作乃至以青少年口味为创作对象,等等,以上的范畴包含内容极其广阔、多变的作品,实在难以统一定性。

由于轻小说涵盖范围广泛,的确难用传统的分类方法加以释别。事实上,在出版轻小说的系列下,随时可见 SF、悬疑推理、幻想及青春校园等不同的类型，甚至同一作者也在不同类型中游移、转换，所以东浩纪强调用轻小说作一种类型命名，这才是合适的方法。

东浩更以轻小说作家上远野浩平为例说明，2000 年于德间 Dual 文库出版《我们在虚空中看夜》，又在讲谈社小说系列下出版《杀竜事件》，两者都是不同系列的第一卷。前者是未来宇宙战争与现代高校生活错综纠缠的物语，后者则以异世界作为舞台展开密室杀人故事；一为 SF 与青春小说的结合，一为幻想与推理的混糅，对大部分读者来说，其实不太会意识到类型的挪移。何况对上远野的读者而言，由电击文库的校园幻想系列成名作 *Boogiepop* 开始，他作品的风格贯彻如一，三个系列都拥有共通的世界设定。横断跨越不同类型的分野，乃是轻小说的重要特征之一。

要寻找轻小说的本质，由类型乃至作家入手，往往都有一定难度。就以现在稳踞轻小说代表作家位置的西尾维新为例，他的作品大多由讲谈社 BOX 出版，并非典型的轻小说标志系列，也没有什么插画包装，笔法与漫画格调也有一定距离。东浩纪认为西尾维新乃承接 90 年代的森博嗣及清凉院流水而来，他们的小说以今天的标准而言，应属轻小说的范畴，但当时也不过是以推理小说包装推出，同样没有任何插画配图。

东浩纪倾向不以任何外缘的条件来作为界定轻小说本质的方向，而提出：轻小说并非以内部的故事或外部流通上的方式来审定，而是以作品与作品之间扩展的想象力环境作为关键。换言之，即以角色的资料库消费作为背景从而写成的小说来定义。这一点当然可以再作详论。

因此日本的轻小说，其实包含不同出版社的一揽子系列：如角川集团的电击文库、富士见幻想文库、Sneakers 文库、KCG 文库及 MF 文库；一迅社文库；音羽集团的讲谈社轻小说文库及星海社文库，乃至创艺社文库等。简言之，就是处于竞争激烈的战国年代，甚至在同一集团内也有角力至头崩额裂的生存状况。

而且，轻小说的风潮也早已开始溢出本土，向亚洲各地渗透。台湾及香港的角川书店代理人台湾国际角川书店，早已把部分电击文库及 Sneakers 文库译成中文，推向繁体中文市场。2007 年，青文出版集团更与集英社签下契约，开创菁英文库，陆续引进中文阅读界。时至今天，青文出版麾下的菁英文库、青文文库及莉莉丝文库；尖端出版的浮文志；台湾国际角川书店的 Fantastic Novels、Midori Novels、Ruby Series、BLOOM Series Novels；东立出版的 HJ 文库、东立轻小说、炫小说、酷小说及铭显文化日系小说及台湾原创轻小说等，仿如复制了日本国内的轻小说战国年代，而把兵戎相见的舞台迁至海外。

轻小说的文艺想象

不少人均把轻小说看成仅值一哂的流行小说看待，然而，从客观结果而言，似乎难以一言定性。就如目前日本炙手可热的暗黑女王小说家桐野夏生，她其实也是经过长期于轻小说世界中的练笔，才向文学越界发展。她凭 *Out*（1997）一举成名之前，写下不少浪漫爱情的通俗小说；更以野原野枝实的名字，完成一系列 Junior 小说。可见，轻小说绝对能成为作家的修炼场。宇野常宽在《零零年代的想象力》（东京早川书房，2011 年初版）中也指出，于 2003 年创刊的 *Faust* 杂志，一众新锐及具潜质的年轻作家如西尾维新、舞城王太郎、滝本竜彦及佐藤友哉等，除了西尾维新已成为流行文化独当一面的大旗手外，佐藤友哉于获得三岛由纪夫奖的嘉许后，也循纯文学界别进发，作出越界跨境的尝试。

与此同时，除了把原来的轻小说作家推出公海，奠定更崇高的作家地位，轻小说的出版社也努力把原来已成名的大作家牵引进轻小说的范畴，拓展读者层面。如角川的 Sneakers 文库及富士见的幻想文库，便吸纳如宫部美雪的《勇者物语》及绫辻行人的 *Another* 等杰作，令轻小说的版图更显壮阔。

文学性的讨论

自从东浩纪在《动物化的后现代——御宅族如何影响日本社会》（2001）中提出资料库消费的概念后，后来的流行文化解读，大体上也往往循此路出发延伸分析。他指出在御宅族的消费市场中，人物的魅力度远较作品的完成度更高。当用传统的"引用"、"影响"或"戏仿"概念，表述不同作品之间人物设计上的内在联系，其实仍是以作品或作家为单位进行讨论，但这一思路已不足以解释现状。

就以《福音战士新剧场版》的绫波丽来说明，东浩纪认为《机动战舰》的星野琉璃、《雫》的月岛琉璃子及《秋叶原电脑组》的大鸟居，都可说是由绫波丽的原型逐渐衍生，但不一定与《福音战士新剧场版》自身有必然关系，反过来是从绫波丽作为人物自身的萌元素（沉默、蓝色头发、白色肌肤及神秘的能力）中铺展开。简言之，是受人物自身在御宅族市场中的资料库影响，这就是资料库消费的创作及消费模式。

而东浩纪《动物化的后现代2——电玩式写实主义的诞生》要进一步做的，就是竭力将以上的流行文化消费现象，与文化界既有的审美观念融合，希望借此"赋权"来为轻小说正名、升格。他借由自然主义的写实主义观念，提出"动漫式写实主义"的说法——以两种写实主义并行来解释现状，视之为文学想象力的基准条件，并认为这是一种后设类型的创作环境。

前者明治时期由欧洲引入，后者则由战后于日本国内自行生成，从而把日本的小说市场作粗略的二分。就以目前的日本文学市场为例，据自然主义式写实主义成书的《东京铁塔》成为超畅销作，也成为芥川奖及直木奖的话题，但与此同时"凉宫春日"系列同样销出数百万本，他其实是在向日本的文学批评界施压，指出即使只以纯文学作为研究对象，也必须正视眼前的轻小说风潮。

轻小说的后现代本质

东浩纪另一为轻小说升格的努力，是把后现代的概念融入轻小说的讨论范围。当然，既然轻小说放弃对作家原创性以及故事写实性的追求，代之以后设手法，又从资料库消费的创作观出发，自然已经具备充分的后现代性。不过，他也不至于以概念转移的手法混淆视听，提醒大家对后现代性及后现代主义的区分。

事实上，日本小说的文坛中，早已存在后现代主义的文学风潮——以解构近代文学面貌为前提，利用新锐的小说手法构筑后现代意识，以知性及复杂的态度营构强烈的作家形象。日本小说家，如筒井康隆、高桥源一郎及岛田雅彦等都是代表性人物，与轻小说给人的印象可谓有天渊之别。

东浩纪其实想强调的是后现代的社会属性，作为解释及说明轻小说的特质，而非企图与文学上既有的后现代主义思潮混糅。但与此同时，他没有放弃以后现代性去争取轻小说更广受文化界注目及认同。

他以推理小说的发展来说明，在 90 年代后半期出现"新本格派推理"被人物小说入侵的现象。其中的代表人物为轻小说的先行作家清凉院流水，1996 年出道的他，一一打破推理范畴的既有规范，自然而然被先行作家及批评家攻击。但东浩纪认为他们只是过敏，清凉院代表的不过为融入后现代性的人物小说创作法则，流露"动漫式写实主义"新倾向而已。

而东浩纪的结论，其实也可看成为一种呼吁：那就是人物小说的问题，已非仅属御宅族发展史的插曲而已，往

后必须要从更广阔的文化及社会视野去审视。他自云目前
采用的动漫式写实主义名目，也可看成于自然主义写实主
义衰退后，进入后现代世界后出现的纷纭多样人工环境式
写实主义，这也称得上日本社会发达的一种形态表现。

宇野常宽的反思

简言之，东浩纪提出的是在流行文化的汪洋中，消
费者的消费已非局限于眼前物——以小说为例，过去的
作家原创性、文笔及写作技巧等的评价原则已受到动摇。
消费者在购买一本轻小说之际，其实正在消费广大御宅
族系文化的资料库，正如我在文首提及《如果，彼得·杜
拉克看过后仍不能取胜，于是醒悟了的女子经理人决定
用肉体的话》一书，正是以《如果高校棒球女子经理读
了彼得·杜拉克》作为资料库的蓝本再加以创作而成。
甚至在轻小说的创作过程中，从既定的受欢迎角色出
发，再不断吸纳网上的意见来修改也非奇事，就正是漫
画《爆漫》(《食梦者》)提及的利用网上集团性创作模式，
也非不可能之事。由此引申的"作者"及"原创性"等
概念，大抵也到了不得不加以反思的地方。

对于东浩纪大力推崇轻小说的文学性，日本文化

界当然不是没有反悖，更重要为批评得最严厉及辛辣的，其实并非来自东浩纪所指的传统保守势力，反而出自当今日本炙手可热的文化界新锐评论家宇野常宽，他在《零零年代的想象力》中的回溯重省，绝对值得深思细看。

他指出，2003 年创刊的 *Faust* 杂志，差不多成为推动轻小说风潮的机关刊物，而东浩纪也在此建立为轻小说护航者的评论家角色。宇野认为东浩纪的批判对象，其实是自身出身的文坛保守势力，但所用的手段不过是把 1990 年代后半期的文化感性（由御宅族生成的次文化世界），用来攻击 80 年代以前的对应物（纯文学乃至一般文艺作品）——而这些批评模式，不幸地也是日本文化界近十年来惯用的窠臼。

宇野直指 *Faust* 上被东浩纪定性为新感性的作品，对他而言反过来觉得古旧，由此产生的阅读反应是"钝感"多于"敏感"。一方面，他指出获东浩纪高度评价的一众文坛新手，其实时至今天也只有西尾维新一直屹立不倒保持锐气。即使以曾获三岛由纪夫奖的佐藤友哉为例，也直指作品不过为 80 年代后现代小说的幼稚模仿版作品。另一方面，他也明言对东浩纪的双重标准不满，指出后者曾为 2003 年芥川奖把奖项颁给年轻少女作家金原瞳（《蛇信与舌环》）及绵矢莉莎《欠踹的背影》而颇为不满，并认定当年吹捧的青春文学风潮，是业界操控的一种经营上宣传策略，通过奖项的光环去为新作家撑腰及促销。但事实上，文化界后来吸纳轻小说作家的手段，乃至刚才佐藤获奖一例，其实不过也如出一辙，所以一切不过属"分赃不匀"的争议。

宇野直言最不满 *Faust* 风潮的地方，是代表作家如佐藤友哉及舞城王太郎宣扬的绝望意识，其实与1995年以来的社会气氛现象未能产生对应效果，充其量只能视之为"失落一代"（1970—1986）及"后团块Junior世代"（1975—1979）的显著特征而已。仍以"在此世上生存找不到意义"以及"不明白真正的自己"等意识为作品核心的佐藤等人，只不过为"新世纪福音战士"的想象力后继者，但其原创性远远不及后来者，如《死亡笔记》及《欺诈游戏》的新锐构思。归根究底，他们没有把2000年代的时代感性融入作品，拓展世界——包括过剩流动性的渗透以及彻底化的后现代状况等；简言之，就是他们仍属流行产物，文化价值不高。

结　语

在轻小说的传扬上，它的资料库消费反过来可成为自身的局限。我想指出资料库消费的特质，其实也制约了轻小说作越洋化发展。是的，刚才提及轻小说的网络已延伸至海外版图，但要留意那仍停留在次文化谱系，而不可能登堂入室。我认为资料库的前设正是碍人入门的关键，流行文化之所以可以大杀四方，必须要提供出入口，供不同文化的消费者使用。

正如周星驰的电影，香港及内地的消费者可以自由用切身的角度进出，更遑论如村上春树般的世界性特质。就正如在"清凉院流水：反推理小说的推理小说"中，作者Fran便直接道出资料库消费的文化障碍："我自己不是很喜欢清凉院流水的这四本书，一个最主要的原因，是因为要解开谜底得依赖对大量字谜的破解，但问题是，清凉院流水的字谜建立在日文上，像我这种不懂日文的读者，非但无从参与，甚至解开了也无法理解。"日文的字谜当然属资料库的显现之一，可惜资料库消费反过来限制了日本流行文化的海外输出。我甚至认为近十年日本的流行文化被韩流迎头赶超，资料库消费极可能就是背后的致命因由。

埋葬梦想的地方：东京

最近看一点奥田英朗，感觉良好。不如就从 2001 年的《东京物语》说起吧，书名源自小津安二郎的同名经典电影，大概是不争的事实。我有兴趣的是，为何奥田英朗胆大包天，明知山有虎偏向虎山行，把名作重担置于一己身上。其实个人视之为一种有自信的表现，且由我娓娓道来。

《东京物语》的异代变奏

小津名作的内容，不少人都耳熟能详。年老的夫妇上东京，目的是去探访一众在首都打拼谋生的子女，结果却被冷待，反而是早已守寡的媳妇克尽礼节，尽心尽力接待两人。奥田英朗的《东京物语》中同样有母亲上访东京的场面，而且先后出现两次，第一次是送儿子去东京闯荡，开始自行生活准备应考大学，母亲不放心直至儿子租下房间才肯回家。母亲企图与房东打交道，换回来的却是冷淡反应。这也是母亲生平第一次上京之举，为儿子安顿好后，还打算独个儿去上野公园看看熊猫才回去。

第二次母亲于东京再出场，是她借辞和儿时玩伴来看歌舞伎，实则是为儿子安排相亲事宜。两次的穿插冷热互见，前者流露孤寂、无奈之情，后者乃典型知其不可而为之的父母执念，同样可以说呼应了小津血缘难敌人生无常的基本咏叹。

然而，那显然不是奥田英朗的重心，他的《东京物语》的本命构思是逆向书写小津。我的意思是说，在小津的经典名作中，两老在城乡对照的体会，无法避免一种生途悠悠，即使血缘羁绊也难以左右的悲凉慨叹。

而奥田英朗的逆向策略，是刻意把久雄的人生阶段写得丰富多姿，好像把他三十载的岁月以疾驰方式搜画一遍，尤其有趣的是，作者故意以完全割裂的手法处理久雄不同时空的感情对象：大学生时代的文化女友平野，因相亲而盲打误撞认识的洋子，以及似乎属真命天子的理惠子。在久雄的绚烂人生中，的确有不同的精彩人物相知、相遇，可是最后上心记挂的仍是家人的牵绊——纵使与老父从来不相闻问，但终章里仍是顾念，担心名古屋申办奥运落空后对老父的打击有多重。

是的，《东京物语》的逆向技法是为小津名作中不孝的子女辈作了平反式构思，即使人生如何斑斓留声，到头来磨灭不去的仍是亲情的无形联系。

无法触及的梦想

我读奥田英朗的小说，脑海中一直摆脱不了迅速的印象。干净利落，长话短说，一矢中的等字眼，总是禁不住涌上心头。他行文快捷、精准，令我想起卡尔维诺在《未来千年备忘录》（1988）中歌颂的"迅速"（Quickness）特质。

我当然没有忘记，大师提醒道，在当今世代小说以外被广泛使用的媒介往往因迅速至出奇，而接近战无不胜的地步，从而把一切交流推至单一化及同质化的险地。然而，重视心智速度带来的愉悦，以及由此衍生的风格及思维上的灵活性、机动性、从容度，同样也绝不可因噎废食。

在《东京物语》中，奥田英朗其实最想阐述的主题就是梦想——所谓"东京物语"，简言之就是"生活在当下，梦想在他方"的命题。东京对任何非东京居民而言，本身其实就是梦想的同义词，无关乎任何实体内涵。

无论处于任何人生阶段，由未去东京到已经升学、就业，乃至落地生根，总言之，就是会面对永恒的失落，一种无论如何不会达成的现在进行式状态。作者聪明的地方是穿梭于主角久雄不同的人生时段（先倒叙再顺叙），好像把他的升学、工作及恋爱等不同人生范畴拆解述说，表面上似乎离开了主题，不断由一个范畴跳向另一范畴，但跳离主线之后，最后经历千回百转再回归原来的主题——梦想永远在他方。

久雄于工作场所中由一名新入职的助理，到略有小成可指挥属下，然后至自行创业时刻面对风险——其实正是与三名女友平野、洋子及理惠子往来的平行映照，任何一刻都会有起伏（其实作者已刻意用先苦后甜的节奏描述每次交往）。

正好通过利落、敏捷的文风，一方面提升读者的阅读快感，更重要的是暗地里点明人生的矛盾实相——无常正好在于喜乐祸福的历时延续性，由是道出所有人在东京都只能属过客的隐喻身份；恒常即看透繁花盛放的背后，人生终也不过是依据常规起落，难生易变。

是的，以上就是我对奥田英朗的"迅速"告白。

奥田英朗的细节书写

我不讳言，奥田英朗书写的均属通俗意义上的大众娱乐小说，简言之不少均由类型出发，甚至建构自己专属的小说人物系列，延续读者追看的兴趣，"精神科医·伊良部"系列正是这一概念的产物。

伊良部以肥胖中年且其貌不扬的医生形象，配上美艳性感又极为冷酷漠然的护士麻由美，便构成充满噱头的精神科怪医组合，好教读者从一开始便充满期待。奥田英朗出身广告界，于此打滚了很长日子，他对小说的表达形式及手法颇为敏感，而对说教直述式的概念先行小说一向敬谢不敏，就算是带有一定程度自传色彩的《东京物语》（原著 2001 年），也有能力抽离自身经验樊篱的桎梏，令小说主角久雄得以化身成上京青年的原型，在跌宕起伏中予人深刻共鸣。

我认为奥田英朗在《作家的读书道》（书的杂志社出版，2005）中剖陈作家的心得，应属他的写作之钥。他指出，写作构思往往不会从特定的主题出发，反过来可说属彻底的重视细节主义者。有一些作者会先定下主题，然后构思可以表达主题的细节，从而建构作品。自己却认为只要仔细地观察对象，深入细节，主题自然会慢慢浮现，而不需以主题先行的形式进行。其实奥田英朗曾承认，自己不喜欢采访取材式的小说写作手法，当有需要处理某个范畴的人物或背景时，他倾向参考适当的文献，然后再发挥自己的才思，说到底肯定的仍是想象力——那才是作家的王道所在。

繁花绽放的小说世界

奥田英朗最擅长的便是以群像志的手法铺排作品，于不同小说中，常见大量栩栩如生的人物出入、往来。《女孩》当然属群芳谱的最佳代表，但一众的粉领熟女面对职场人生，压力其实也大异其趣。升为主管的圣子的难题是如何驾驭视自己如无物的男下属；希望置业的紫里则苦恼是否需要为房子而在职场委曲求全；热衷打扮的由纪子在忧虑美眉身份有没有期限；孝子却在努力希望不要用单亲妈妈的角色去惹人同情；最后，容子要压抑对俊男下属的怪奇想象。

作者一再用大同小异的方式，去设定背景范畴。《女孩》以粉领族职场为中心，而《家日和》就是典型的家庭剧。当中既有沉迷于网拍活动的主妇，也有被辞退却好像获得新生的家庭主夫，还有成为讽刺焦点的极端环保主义主妇等。

我认为作者的用心在《六宅一生》中交代得最明显：是书的日文原题为 *Rarapipo*，其实出自小说第六章中的小片段。当中讲述以勾搭陌生男子回家，然后盗录实况色情片给影碟铺的恐龙女小百合，在街上遇上一名白人，白人向她说"Lala people"（即书名"Rarapipo"），其实是 a lot of people 之意，不过说得太快而已。

这正好点明了奥田英朗的核心关注焦点——很多人呀！而故事正好从不同人的断章人生中营构出来，正如他在《六宅一生》中选取的人物身份均属平凡不已的常人：邮差、自由撰稿人、百货公司女职员、落魄的中年作家、茫无生活目标的家庭主妇、年轻的 KTV 店员，较为偏门的只有 AV 星探一人。可是他们竟在阴错阳差下交织出一张情色网络图，汇聚成令人意想不到的奇情人生——母女竟然在 AV 现场遇上且成为合演的伙伴；KTV 店员竟成为纵火狂徒；而作家则沦落为露宿者，有家归不得……

这正是奥田英朗的小说魔力——从主题而言，不同人物在日常生活中，不经意间触碰个人的临界点而不自知，一不留神就堕进回不了头的失衡状态，或许不算是什么石破天惊、新意满溢的小说命意。然而，奥田英朗通过刻画人物及环境的细节，令读者残酷却又津津有味地阅读这一堕落蜕变过程。这正是对牢固掌握生活实感才产生的阅读趣味。我敢说，奥田英朗是供读者认识日本人平凡生活的坚实范本。

第三编

光影张瞳

山田味的《东京家族》

　　当初听闻山田洋次打算把小津安二郎的名作《东京物语》（1953）重构为《东京家族》（2013），其实也不无担心。说到底经典重塑（即使不是亦步亦趋的重拍）往往囿于珠玉在前，捉襟见肘下自难大展拳脚。而且《东京物语》的翻拍，早已有失败的前科。佐藤忠男便曾指出 NHK 在 1971 年，由立原龙把《东京物语》改编成电视剧《能看到大海的人家》，结果在摄影构图上完全摒弃小津的固有风格，以作品索然无味而告终。

　　当年小津拍《东京物语》为盛壮的五十岁，刚好半百；今天山田以八十二的高龄来冒险，勇气尤为可敬。我以"冒险"来形容山田洋次的举动绝不为过，因为 *Sight and Sound* 在 2012 年发布的"世界十大"的选举中，由导演选出的首名正是《东京物语》（由 358 位知名导演投票），排名犹在斯坦利·库布里克《2001 太空漫游》、奥逊·威尔斯《大国民》及费里尼《八部半》等名作之上，可见经典地位几近神圣不可侵犯。

基本改动的交代

好的，或许还是由两作的一些基本改动入手来梳理吧。首先在角色姓名的设定上，老父平山周吉、长男幸一、妻子文子及老父友人沼田三平均保留原貌；母亲由Tomis改为Tomiko、次男由昌二改为昌次、长女由志泉改为滋子、昌二遗孀纪子改为昌次的未婚妻，名字保留为纪子，但添上了姓氏间宫，那是由《麦秋》中原节子饰演的间宫纪子一角中挪用过来。

至于人物角色的组织安排上，《东京物语》的平山家一共有五个孩子，在《东京家族》中删减成为三人。原作中居于大阪的三子敬三（大坂志郎）及留守故乡的幺女京子（香川京子）均被省掉——后来老伴离世后，回到家乡本来由幺女照顾老父的设定，也改为由邻里守望相助扶持作结。

小津电影中的文法常规：镜头不动，放在低位置的摄影机不改变，基本上没有移动摄影，俯瞰除了例外不会采用，乃至人物的平行同向视线等，在《东京家族》中是以偶尔套用却非一成不变恪守的态度视之。

不过我认为较重要的重构，大抵上均集中在作品内容的精神面貌。

在对白内容的处理上亦循大若相近的方针，例如开首文子与滋子的对答中，"还需要刺身么？"以及"不，有肉已经足够！"等正是从旧作中全然移植，不过同样仅属有限度的征引，新作显然从属于山田洋次自身的世界。

时代的同步率

石飞德树在"作为山田洋次世界的《东京家族》"（《电影旬报》1628 期，2012 年 1 月下旬号）中，认为《东京家族》的成功重构，与时代背景可融会互通，以及核心问题没有变易有直接关系。1963 年的《东京物语》所针对的社会现象，正是乡下地区的年轻人纷纷"上京"，随之而来的"核心家庭化"，以及老人无子女照顾等家庭解体的时代哀歌。以上现象即使相去六十年，仍属均一及同样沉重的社会命题，挪移背景后仍适用于当代日本时空。

导演需要偷龙转凤的，首先是把一些两作中截然不同的历史情景切换更替。山田洋次在与渡边浩的对谈中（出处同上），也直言没有打算从任何批判的角度去重构《东京物语》，但要在适当地方注入属于自己的标记，这方面的意识却非常清楚明确。任何人对《东京家族》与原作之间均可一眼看出的最大变动，就是把本来已战死的次男昌次（妻夫木聪饰）作出"死而复生"的决定，更将他的职业定为舞台美术的置景人员，突出时代氛围下的不安定属性，从而突出父子两代的价值差异。山田洋次剖白认为昌次的改动，正是个人重要标记之一。

　　《东京物语》中的代际对立，基本上是以第三者自行玩味的方式呈现，至少在电影尽量回避直接的角色冲突。但《东京家族》却一改此道，桥爪功饰演的平山周吉较笠智众的原版来得执拗得多——在食肆中与昌次既正面发生口角（周吉直斥昌次不过选择舍难取易轻松自在的生活方式，而昌次反驳这年头还哪有人可轻松过活！）；于老伴葬礼后对长子提出一起生活的建议，更斩钉截铁地声言以后决不会再去东京回绝！相对而言，《东京物语》的家庭解体，部分因素仍可归咎于战争的播弄；但《东京家族》已明确厘清家庭的崩坏，均是由日本社会的内部出发，再体现于彼此的家庭生活上，对现实的批判力度及不满之情，显然来得较旧作更为沉重、用力。

小津调 VS. 山田调

于我而言，其实两作所关切的要点颇为不同。小津安二郎的《东京物语》是由家庭出发，从而再提升至一种人生终究无常的生途悠悠式慨叹，全片基调均回避激烈的冲突，最严重的大抵已算是片末做教师的小女儿（香川京子饰）向次子遗孀（原节子饰）抱怨，愤而责备哥哥、姊姊的冷漠自私，完全没有理会及关心父亲的孤单寂寞，只是遗孀也不避嫌地直言回应：人生就是这么一回事。事实上，先前当周吉与妻子感激遗孀的亲切接待，没有血缘关系的她较亲生子女更窝心、体贴，然而遗孀也不忘立即表明自己没有大家想象中的美好。在小津的眼中，家庭解体不过是素材工具，背后所负载以及带来的人生无奈，牵引出无常正是恒常的哲思才是终极目的。此所以亲人的冷漠绝非大奸大恶，正如佐藤忠男在《小津安二郎的艺术》中早已指出，《东京物语》中子女对父母不太亲切、关心，只能说是一种轻微的失望；然而正因为轻微并且非出于心术不正，才正好可能是一般老人家均非得经历不可的失望，于是更令人感到可怖的真实震撼。相对来说，遗孀的善意仁心也不是永恒的，善恶交杂无定法则才是无常法谛的真义。

而对山田洋次来说，他关心的不是哲学上的人生省思，而是愀然变色的时局叹喟。原作中遗孀拒绝承认自己是一善人，于《东京家族》中也有相若场面的重构。昌次的未婚妻纪子（苍井优饰）面对周吉的夸奖赞誉，便泪流不止表示自己绝非从无怨言（导演刻意加插了先前于晚上纪子与昌次发生口角，然后再分房而睡的描写）。相若场面的调度，在山田镜下已非无常观的演绎，重心已变成为周吉最后的一句感想：你真的够坦白直率！

是的，这正是山田所肯定的人生介入模式。昌次在原作中本是死人，而在新作中也一直被认为是不成器的新一代，然而在福岛"3·11"的惨剧中，他不仅以义工身份到当地赈灾，同时更因此而认识了纪子。将周吉宣言永不回东京与在故乡还有乡邻亲戚可依靠、联系，就可明白山田提出以拟家族的观念，去取代更替以血缘为主轴的家族迷思。无论是新家庭的出现（昌次与纪子的相交得力于与灾民的仁心相连），又或是旧家庭的维系（周吉靠学生邻里的照顾以度余生），同样需要以互助社会的信念作为基础。其中血缘本身已再没有任何原教旨式的超验价值存在，反过来周吉肯定纪子的坦白，正是社会将来赖以维持的基石——是的，在《东京家族》中周吉早已三番几次感慨日本将没有未来可言，而在老伴离世后再看清纪子，俨然已成为他对下一代重新产生正面憧憬的契机。无隔阂的坦诚相交，至少正是突破世代鸿沟、重建家庭牵绊的起点。

简言之，如果说小津的原作是出世的佛理体验，那么山田的新版就堪称入世的互助灵丹。两者均是不可多得的杰作。

《深夜食堂》的镇魂曲

　　好评如潮的《深夜食堂》（2007— ）在香港各大书店也有意放在显眼位置推荐，这当然是有心人的所为，它也值得大力支持。漫画原作者安倍夜郎出生于四国高知的偏远之地四万十川。

　　这个只得三万多人居住的小镇，可说是日本最美的后花园之一，举国驰名的四万十川对外人来说迹近 the best kept secret。

　　安倍于早稻田大学毕业后，在广告界打滚了二十年之久，直至四十一岁才出道，且毅然辞职，决志以专业漫画家为业，那份勇气及狠劲，本身已属充满情味的都会传奇。

相忘于江湖

《深夜食堂》一直以两条腿走路。一端是温情路线，通过店主（日剧版由小林薰主演令人物生色不少），执持不瘟不火的态度，把都市人似有还无、若即若离的江湖羁绊精准拿捏，代表作自然是《猫饭》。美幸（日剧版由田畑智子饰）是一个不得志的演歌歌手，她喜欢在清晨到食堂光顾一碗"猫饭"（把刨好的柴鱼干铺在白饭上，再洒上酱油）。后来店主介绍了一位作词人为她写曲，终于她一炮而红，却在当红时染上恶疾而迅速离世——人间有情，哀而不伤是漫画的基调。

另一条腿是针对东京的法外一族而发——漫画中出现大量的异色人物，由黑社会混混、脱衣舞娘、变性人、人妖、小偷、女刑警到 AV 男优等，全都不分上下高低，汇聚食堂，彼此穿插交会，可能相忘于江湖，但在食堂却有着藕断丝连、相濡以沫的关系，即使彼此对立。第一册中"酱油与调味酱"便铺陈两名食客的死硬口味（如题），其实却是一体两面，同样固执及拗颈的汉子，最后被出现在食堂的女刑警揭发，两人是以同一手法犯案的小偷。人生世相就是有不同程度的巧合，天知道与你同席共坐的邻客又属什么来路呢！

历久不散的温情

手边的《深夜食堂》一直不忍心看毕，友人说得好，每阅过一回或一集，好像总该停一下，好让书本上的温暖可以慢慢渗入心坎。那当然是因为安倍夜郎是留白的圣手，每一断章总是欲断难断，有些人物不过出现一次，但更多的乃属常客，令我们为总是减不了肥的真由美而忧心，而小寿寿的身体及生意也教人记挂，等等。

追根究底，是因安倍时常把人物的一生定格缩影处理，中间往往是大幅度的跳接，然而，因为锁定的全属细节，如清晰、具体的生活片段，加上常利用悲喜互糅、祸福流转的节奏，以铺排不同人生年龄阶段的故事，于是令大家完全被他的叙事技术击倒，所有读者都由衷期待可以成为食堂中的一员。

或许因为香港是一个没有城乡差异的都市，《深夜食堂》中反复出现的城乡牵连故事，往往紧紧攫住我的心神。它的惯常模式是把故乡之情，与当地特产紧密扣连，唤起一段段略带伤感却绝不悲凉的人生谱曲。我留意的是安倍挑选的乡郊，很多时候绝非寻常地方，正如在最新的第九集中提到高知县西侧宿毛的炸鲱鱼。

漫画里特别提及那是连日本人也不太知晓的乡野，以前我曾到邻近的四万十川及足折岬游玩，也未曾好好细览宿毛。这一种即使连日本人也感到的异域感，正好使被不同人述说过千百次的城乡对立感，再度具有陌生化的效果。

严格来说，《深夜食堂》是一本德育及公民教育读本。它不会对任何来客的人生作出评议，出入的角色无论是平凡的小市民，或黑道和风月场所工作的人士，大家都和平共处，互不干涉。但店内却又绝不冷漠、寡情，彼此在有需要时会为他人伸出援手，这种拟家族非血缘空间及关系，是当代都市人的理想国。

但我更想指出的是，其中慢慢渗透的气息，正是一种没有道德感却最具道德意识的反悖明证——对任何有异于自己的他者，可以用欣喜共处的心态相迎，而不是把自己的道德标准高举，对他人说三道四。大家用心去想一想，就会明白为何《深夜食堂》目前不可能出现在中国人的土壤上。

拟家族的食客们

《深夜食堂》的另一成功之处，我觉得是安倍夜郎把拟家族与家族两端的关系作互动描写，可谓勾勒出时代脉搏的变化。食堂的设计固然符合都市人漂泊无根的美好想象，漫画中其实多次通过不同人物的道出，一旦寂寞的时候总想到食堂走一趟，避免自己的形单影只。

那自属理所当然的投影，也符合传统以来所有"上京故事"的基本特质，远赴东京且与故乡的家庭断绝来往，或多或少与追求自主人生有一定关系，于是只好在特定空间中，通过与陌生人的亲密交往建立虚拟的家族幻觉。茶泡饭三姊妹、横条纹阿岛或脱衣舞场常客忠先生等，仿佛都成为读者可触可感的家族成员。

只不过以往的日本文本中，很多时候会把拟家族关系与家族关系对立呈现，可是《深夜食堂》却打破了固有樊篱，令两者出现互补有无的新面貌。我们可以看到，拟家族和家族在食堂中得到和平共存，乃至刺激生成的变化。就以第三十九夜"酒蒸蛤蜊"为例，一双母子相依为命，但口舌上又互不相让，总是以毒舌置于对方身上，而食堂中的老板便肩负起守护天使的角色（按儿子的要求把稀释的酒给酗酒的母亲喝），而过去曾欺凌儿子的旧同学永井也起了传话的作用。电视剧版中更强化他的位置，甚至安排两场儿子的空手道学生来食店的场面，令拟家族及家族之间的界限更趋模糊、淡化。

但作者的底线守得很严谨：无论有血缘与否，联系的关键仍在于人性的善良本质。在第一一三夜的"油炸豆腐"中，表面上是以日本大地震为背景，首先勾勒食堂中彼此为地震同悲的伤感，接下来却是妈妈桑为不良少年在超市伸张正义作证的小插曲——后者因为直斥某一家人在独揽架上所有杯面，被人误会为坏人。

安倍于此清晰展示他的细腻目光，家族和解乃至重构，确属今时今日的日本主旋律，但他并没有盲目为之歌颂，乃至沦为廉价的宣传手。"油炸豆腐"斩钉截铁提醒我们，无论处于任何环境，人性本善才是立足的基石，较什么血缘或其他一切来得更加重要。

结语：我的《深夜食堂》

《深夜食堂》无论漫画及电视版均脍炙人口，当然并非偶然。我之前曾点明，它是法外之徒的镇魂曲，除了人物来自五湖四海黑白混糅外，更重要的是，他们都带有社会零余者的特性。大家好像流露与身处的城市若即若离的气息，不少角色也是"上京"的人物，这一点正好让我们这些留学生乃至海外读者看得津津乐道，因为能找到同类相属的亲近触感。

是的，我的日本留学生活，其实有一半也是在"食堂"流连——早上上课，中午稍事休息后，由黄昏至午夜就是在日本料理店内兼职干活，周而复始。御徒町站的四邻，正是自己的出入范围。工作的食肆名为池田屋，虽然与它交会时的身份是店小二，但那种《深夜食堂》式的氛围仍是隐约可感。

一头白发的退休伯伯每天风雨不改六时入席，只身轻啖浅酌又是一天；觥筹交错的下班社员七时许开始云集，那是豪爽的狂野日子；九时过后续摊客陆续到来，妈妈生店长总是挤眉弄眼，抱怨他们难招呼又消费有限。我决定二话不说把所有脏活粗事挑上身，补偿自己的日语不济，大厨开始偶然留一两片鱼生让我尝鲜，二厨在人流稀疏时乘兴表演把青瓜切成一棵树的刀法。周末下班后同事会一起去吃夜宵，唱卡拉 OK，直到第二天清晨乘首发列车回家。我兼职的最后一天，那位退休伯伯还给了五千日元的小费。

我想说的是，《深夜食堂》对海外观众好像有别树一帜的温暖气息。但其实个人体会是这种温暖深具寻常共感，在东京委实有太多的游子寄栖寻梦或苟活，相濡以沫是必需的生存共识。

我作为一个来自香港的留学生，与作为三个孩子母亲的离婚店长，与作为独居 AV 毒男的二厨，乃至我一无所知的退休伯伯，在偶然的时空于池田屋相聚，其实与《深夜食堂》的任何断章碎片大同小异，只不过无暇去细察、观照无根游子的身世。夜半三更时，店长知道我第二天清早有约，但仍不得不让我凌晨才回宿舍，她以忧郁眼神坐上深宵计程车，回她千叶的居所；二厨与我到居酒屋把酒言欢，指点共享 AV 精粹：他的名言是不要太过认真看待 AV，总之一回家就让 AV 自然播放，自己继续日常的起居饮食，到完全不再留意 AV 的存在，就真的进入化境；当同事知道我宿舍内家徒四壁时，送上家中弃用的旧电视及唱机——我不是小林薰，不过也嗅到背后的物语流香，只是当时无力也无暇去深思细味。

所以，我由衷觉得每个人都有专属的《深夜食堂》，仅视乎你有没有探究、摸索自己的生活细节。

《魔法少女小圆》的救赎思维

　　《魔法少女小圆》（以下简称“《少女小圆》”）是由动画公司 Shaft 制作，于 2011 年 1 月开始在日本深夜播放的原创日本动画。《少女小圆》固然属于“魔法少女系”家族内的作品，粗略而言也可归入《美少女战士》的“战斗系”族谱内。而且，2004 年的《魔法少女奈叶》更尝试把魔法少女与高达战斗越界混糅，拓宽了当中的视觉体验。但从对阴冷世界的反思而言，《少女小圆》的确又突破界限，而提升至另一高度。

　　基本情节乃从五位少女的成长故事开展，她们遇上名为丘比 [1] 的神秘生物，与丘比签订契约，就可以达成心目中的一个梦想，她们都得到强大的魔力而成为魔

1　丘比是一种谜样的生物，一直劝诱适合人选签下契约成为魔法少女。它的真实名称是 incubator，即孵化者，属外星文明产物，为避免宇宙热寂的降临，开发出把感情转化为能量的技术，等待收集由魔法少女转化为魔女时释放的巨大能量。

法少女。她们从此肩负起与魔女作战，保卫世界的沉重任务，可是逐步发现，现实的残酷非常人所能承受——"魔法少女"其实正好会慢慢蜕变成魔女，也即是她们正在和未来的自己殊死作战。

丘比会分发一枚灵魂宝石给她们，那是魔力的来源，可是每次使用魔力后会污秽化，必须通过打败魔女，夺取她们残余的种子（"悲叹之种"），净化灵魂宝石。当魔法少女的灵魂宝石完全污秽化后，终会落入破碎的下场而化为悲叹之种，也即是由魔法少女转化成魔女。发生变化的瞬间所释放的巨大能量，正是丘比回收、吸纳的真正目标。丘比不断去游说有潜质成为魔法少女的人签订契约，潜力愈大的更是头号目标，而故事中的主角鹿目圆（小圆）正是如此。

《少女小圆》风潮

骤眼看来，《少女小圆》好像不过是日本动漫中的另一魔女系作品，似乎没什么稀奇。但自从第三集出现一名魔法少女巴麻美在决战魔女时，被魔女连头咬掉致死，登时唤起各界的回响。后来因为 2011 年 3 月 11 日发生福岛核电厂事件，于是第 10 话之后决定全线停播。

直至 4 月 21 日各媒体才陆续播放最后的第 11 话、第 12 话，复播当天更在《读卖新闻》刊登全版广告，后来创了收视率 22.6% 的纪录。其后的影碟发售更迭创佳绩，成为近年日本动画界的最大神话。

据加野灏未友在"2011 年版御宅族 VS. Sub Cult 大战"（*Eureka* "魔法少女小圆"特集，2011 年 11 月临时增刊号）所云，2011 年 6 月日本著名的文化潮流杂志 *Switch* 以《少女小圆》为封面，这是一项重要的指标。迄今为止，*Switch* 没有用过动画作品做封面。《少女小圆》能够溢出动画志的界别，成为备受广泛瞩目的文化潮流，上一次可追溯当代日本动画经典《福音战士新剧场版》（以下简称"《福音战士》"）成为 *Studio Voice* 封面，由此可见其重要性。

事实上，以《福音战士》切入《少女小圆》也绝不为过，而后者的团队显然也有刻意安排伏线供大家作对照思考。在《少女小圆》的公式 Guidebook 网站上的"you are not alone"的宣传标语，正好源自《福音战士》的副题"You Are（Not）Alone"。加野灏未友也指出，《少女小圆》的出现正好填补了《福音战士》之后的空白——它们本身固然具备大量御宅族动漫元素，特别是对美少女要素的娴熟把弄，但更重要的是，把内容提升至超越一般流行文化的程度，将次文化的疆界拓展得广阔无垠。

对"成熟"的反思

山川贤一在《成熟的樊笼——〈魔法少女小圆〉论》（株式会社电影旬报社，2011年8月初版）中一针见血点明，动画把既定的模式推翻，迫令观众重新反思成熟的所指及意义。按照一般的理解，鹿目圆在第10话挺身而出，决意成为法力最强的魔法少女，肩负起对付"魔女之夜"的命运，理论上应属成熟的象征；反过来，好友晓美焰为了阻止小圆签订契约，不惜反复利用自身可以不断穿梭时空轮回的绝技，一次又一次采用不同策略尝试达成目的——那其实属妨碍成熟的表现。

一般动画时常发出的正面讯息，往往强调成熟的价值。事实上，早在《福音战士》中，当一众少男、少女驾驶员被迫肩负重任去迎战使徒，其实已道破成熟的痛苦及丑恶一面（一直被掌权的成人在背后操控，而那些成人甚至可能是自己的挚亲，如碇真治的一切就是由其父碇司令在幕后安排）。《少女小圆》更进一步确认成熟不过是樊笼的一种，一旦选择成熟，即让自己"丧尸化"，以自由来换取所谓的成熟之名。事实上，《少女小圆》的编剧虚渊弦对此看得很通透，他曾质问，当朝向目标进发之时，一定要永远折磨自己才可以吗？这方面不足，那方面又不成，回头惊醒，发觉目标以外的一切均已失去，不是沦入丧尸化吗？他的表白正好折射现实中扭曲人性的阴暗面。

在动画的脉络中，一众少女签订契约而成为英雄，作为催化自己成熟的象征。不过讽刺的是，正如虚渊弦洞悉的，所谓的"英雄"其实很多时候是源自内心中的一种意识，然后逐渐通过行为表现。产生英雄意识的人，内心往往背负极大的孤独感，于是反过来出现希望承担超乎己力的责任，从而驱使自己走出樊篱，以成熟之名激化重生的心理压力。

《少女小圆》的一众少女，全都陷于不同程度的孤独深渊，鹿目圆为自己生活幸福却无力襄助伙伴而无助愧疚；晓美焰的人生意义仅在于阻止小圆签订契约；巴麻美貌似刚强却极为害怕孤独作战；沙耶香既未能向所爱表白也对好友夺爱未能释怀；而杏子以彻底的利己主义者形象出现，终告选择牺牲陪伴沙耶香——以上各自的羁绊，恰好反映堕身孤独的纷扰旋涡，无法自拔。签订契约，攫取魔力，得以解脱——不正是现实中不少御宅族少男、少女的梦想吗？动画点明，这是一条成魔之路，即指利用成熟的名目，欺骗及压抑自己的本性，将来付出的代价更大。《少女小圆》其实是控诉社会扭曲人性现况的悲凉作品。

戳破传统家庭颂歌

自从《福音战士》揭示了一代人的家庭羁绊，碇司令及碇真治的控制与被控制，外在价值与自主价值等命题，已成为日本社会一时一刻的缩影。从时序上来说，也可看成日本流行文本不再采取"无父社会"来处理家庭关系后的转折点：以真治隐喻下一代的怨气，从动画带出亲情被私欲凌驾后的不可信，断然把传统日本的家庭颂歌无情戳破。《福音战士》是日本动画中的世代论基石，也主导了一代人的思维，后来者必须在 Post EVA 时代下寻找重构家族关系的可能性。

当我们看到是枝裕和在《奇迹》(2011) 中，把维护家庭关系的重任置于两名小学生兄弟身上（航一及龙之介），其实一点儿也不用奇怪。

由上一代的控制蜕化成小飞侠症候群（Peter Pan syndrome）或无能男（健二），全属因应社会环境转变而出现的"产物"。经济下滑，上一代再也无力操控现实，而脱序后的年轻父母又不欲重蹈父母的窠臼（长大后的真治幻化成健二），希望继续自主人生。于是，出现新一代为父母辈收拾残局的大胆构思，然而，是枝裕和强调的正是各代自有所属的人生——航一放弃一家团圆的愿望，在肯定"世界"辽阔之余，又暗地里与父亲重构藕断丝连的关系，那当然是一种治愈系的含蓄构思。

同属 2011 年的产物，《少女小圆》也没有回避家族关系的描摹，主角鹿目圆被设定生于一个和顺安乐的中产家庭，父母角色逆转，母亲询子是公司高层，而父亲知久则成为"家庭主夫"，三岁弟弟达也与小圆甚为要好。此设定一早瓦解了《福音战士》建立的雄性主导思维，而且小圆家中一直崇尚自主，流露关怀又开放的正能量。

创作团体其实正好以逆向思考切入家庭轴心，当然动画中的其他魔法少女不乏家庭关系破碎的成员，最典型的莫过于佐仓杏子，她父亲是牧师，但宣扬信念不为人接受。杏子与丘比签下契约，换取父亲之受人信奉。这正是《奇迹》中子女为父亲"还债"的隐喻设定，结果父亲得知真相后却竟然带着全家自杀，孤独活下来的杏子自此便成为彻底的利己主义者。

父母与孩子的无形隔阂

杏子的背景正好否定了世代相互介入，也否定了为对方处理残务的可能性，而小圆的家境则从反面建立无懈可击的幻象，虽然世代的隔阂并没有因此而收窄。当小圆在终局前明白，晓美焰为拯救自己已经多次穿越时间之轴，尝试阻止她成为魔法少女之后，便决定挺身肩负重任，而且要把所有问题一举解决。

有趣的是，编剧虚渊弦却在此逆向描写家庭关系，本来小圆母亲询子是一个自我且行事风格不拘小节的率性女子，她的工作乃至日常处事本来一直以留白方式处理。这其实也是流行文本一贯经营父母辈背景的常态，把人生烦恼细节隐而不论，而把心理描写的重心放在子女角色身上。

可是这次《少女小圆》却反其道而行，逐步深化交代母亲询子对小圆日常举动的异变忧虑。在第11话中，因为美树沙耶香及佐仓杏子的离世在学校惹起一阵骚动，询子直觉小圆知道原委却什么也不说。在与小圆学校老师的旧友把酒谈心的一刻，一向刚强好胜的询子也流露软弱一面，认为自己对小圆心中黑洞一无所知是母亲失格的表现。

我想指出这正是一种百分百的 Post EVA 时代重构家庭关系的思维显影，过去谜样阴影一向置于上一代，现在则逆向设于子女身上，但方法又非以传统的闪烁其言处理（如《福音战士》中营构碇司令夫妇的碎片风格），而是向观众坦呈子女背负沉重痛苦的心理压力——只不过父母无由得之。询子最触动人心的一句对白是：自己对一切好像无能为力，实在很难受。而此正是 Post EVA 时代下，一种"他朝君体也相同"的变奏宣言。

当然《少女小圆》的家庭主调仍是协力互助，所以当小圆在风暴降临之际，决定要签下契约，与晓美焰并肩作战对付"魔女之夜"——拯救朋友、家人乃至地球的一切，她与母亲的离别正是最动人的一刻。

询子对小圆的不辞而别极其不安，小圆反过来提醒，母亲一直把自己教导抚育成不说谎、不胡来的乖孩子，那么可以信任自己吗？所谓信任小圆，也即是信任询子自己的选择——肯定过去的养育方式，回归原点，对人与人之间重构信心，尤其在血缘的羁绊下，更加突显无条件的重要性。

虚渊若要明示的是家庭崩坏和缺失，在过去固然长期笼罩日本社会，而现实中的解读往往把病变因由归咎于外在环境的变化，导致人心出现异化——家庭不全（父亲时常因工作应酬外在）乃至其他纷扰，好像均与现实生活条件息息相关。但小圆的家庭设定，正好反衬即使一切完好无缺、理性、开明，至为人羡慕的地步，两代的隔阂无论如何也不可能消失，相处之道仅在乎彼此的信任，而且应由信任自己的选择开始。

逃不脱的宿命论

　　我想指出《少女小圆》的重要性，是一出 Post EVA 时代下响应意识极为强烈的动画。在关键的第 10 话中，名为"再也不依靠任何人"，对日本社会乃至"3·11"事件起了有趣对照。当中披露了重要的时间之谜，原来晓美焰一早跟从小圆等一众魔法少女对抗魔女，但因为自卑、羞怯，只能袖手旁观，结果在众人战死之际，她毅然订下契约，好让自己可出入时间之环，回到过去去改变大家的人生。

　　可是在历劫循环后（动画版中交代最少已经历四次轮回），现实并没有多大改变，每一次一众魔法少女同样战死，而她也认识到自己能力的局限，于是把目标锁定在仅仅保护小圆，阻止她签契约。然而，代价就是自身变得日趋冷漠，且为其他魔法少女误解，被迫把真正的感情压抑、深藏。

　　正如山川贤一所云，时间之环在文本中正是把宿命论的世界观形象化表现出来，而最大功能就通过丘比之口道破：每一次投入轮回，正是抱持希望去改变世界乃至历史的勇敢决定，然而，每次却带来更深刻的绝望，于是整个时间之环的观念，就在绝望与希望互相转移的基础上构成。

小圆最后的订约愿望是："将所有的宇宙，过去与未来所有的魔女，在诞生前亲手消灭。"文本上就是一次宇宙重组的过程，也隐喻了希望把一切羁绊推倒重来的期盼。在各个魔法少女用尽不用的方法去救亲人、朋友乃至世界的时候，到头来均只落得互相伤害而全毁的结局，究竟有没有办法逃脱人生宿命的循环？

小圆的契约当然是一个愿景，第12话也暗示，前事始终不可悉数抹掉——晓美焰仍可听到小圆的声音、询子好像隐约存有对小圆的记忆及感觉，而弟弟达也则仍能画出小圆的形象，不过父母认为是他空想出来的——但已清晰展现一种想重启新世代的视野及魄力。动画以此为界，当然一切仍可等待剧场版出现，以观察后续的变化。

日本团地电影考

日本的团地最近于彼邦的文化界中，受到广泛的注目及讨论，不同类型的学者均有著书回溯整理讨论。关于团地的介绍，"梅与樱——日本台湾年轻人事情"网站（以下简称"梅与樱"）[1] 于"日本的团地"一文，综合了各家之见已作出归纳，或许我们可以由此逐步探索。

团地背景及评价

"梅与樱"对团地的由来，有清晰的说明：

> 日本人所谓的"团地"，指的是日本住宅公团所建设的公营集团住宅区。日本住宅公团是日本建

1　链接为：http://blog.goo.ne.jp/szyu/c/6d04e262a2a9d5cce9eadf32baf 9fb03#wf。

设省下的特殊组织，成立于1955年。当时日本政府成立这个组织，是因为日本战后一直有住宅不足的问题。日本的经济在1955年左右其实已经恢复到和战前相当的水平，但是住宅不足的问题一直都没有解决。当时的日本政府为了解决问题，成立日本住宅公团，设计、建造大型的住宅小区，让日本民众有屋可住。日本住宅公团建造的大型小区就是团地。

对我们来说，很容易把日本的团地，与香港的公共屋村或内地的公租房扣连对照。但正如"梅与樱"指出，台湾也同样会把团地这一种公营住宅，错误理解为当地的国民住宅，后者是为弱势的低收入族群提供的廉价住宅。

在日本，的确有一部分团地是提供给低收入者的住宅。这一类住宅的申请资格中多半会设定收入上限，当收入超过一定的程度时，就不能申请这一类的住宅。不过，这只是一部分而已。团地中还有一部分是提供给收入较高的人的住宅。这一类住宅的申请资格当中多半会设定收入下限，如果收入未达一定程度时，也不能申请这一类的住宅。也就是说，日本的"团地"其实种类非常多，团地并不是专门用来照顾低收入群的，团地也会照顾一般收入的大众。在种种团地当中，一般日本人印象中的"公营住宅"是属于收入较低阶层的住宅，而"公团住宅"则属于较高收入群。

团地其实一直负起照顾弱势社群的职责。正如"梅与樱"引述《周刊新潮》2010年3月18日的报道，埼玉县川口市的芝园团地当中，有三分之一的住户是中国人。今时今日的中国留学生，成功申请入住日本团地的例子也非不可见[1]，但即使入住者本身也把团地的概念局限在政府廉租房上。如果要勉强对照，日本团地的概念至少包含香港公共屋村及居屋两种；同样可对照内地的公营房屋，同样包含只租不买（广州）及租后可买（重庆）的可能性。

有趣的是，在日本团地出现的历史中，不同阶段皆有相异的评价印象。就如原武史及重松青在《团地的时代》（株式会社新潮社，2010）中指出，日本的明仁皇太子夫妇曾于1960年9月6日到访云雀丘团地视察，那时候可看成为团地的黄金年代。皇太子夫妇在阳台

---

1 "我在日本争取政府廉租房——团地"，见 http://blog.sina.com.cn/s/blog_
4e80f8460100n2rk.html。

上的照片刊登出来后，令日本人对团地的文明印象好感大增。

事实上，原武史忆述自己的父母于1961年迁移到云雀丘团地，当时身边的友人也大表羡慕。可是正如"梅与樱"所云，1972年落成的高岛平团地，后来则成为鹤见济于《完全自杀手册》中的自杀胜地（因为团地以高层大厦构成，成为自杀远征者的乐园），当中的正反印象自需一一细察、辨识。

电影中的负面团地观

回到团地电影的范畴再作思考，摄影师大山显、编剧佐藤大及文化评论家速水健朗在《团地团——从阳台看出去的电影论》（电影旬报社，2012）一书中都作了不少的爬梳整理。我觉得最有趣的地方，是书中提及不少的团地电影，对团地本身的印象均似不抱好感。

有关山田洋次导演1963年作品《下町的太阳》的部分，提到倍赏千惠子饰演的町子，乘坐电车回隅田川下町之家时，忽而轻呼："噢，真想住在团地。郊外的团地！"很明显电影中的团地是年轻人向往之地，正如佐藤大打趣道，团地生活于此可看成《色欲都市》（*Sex*

of the City）的对照。导演最后安排町子舍弃团地男，而
选择一名工场男于下町生活，当然可以视之为山田洋次
世界的投影。抗拒时代的变化，把文明的团地生活看成
表面虚浮的价值观，于高辈分的导演心目中绝非奇事。

而在同期森繁久弥的《喜剧驿前团地》（1961）中，
本来属环绕出售土地作团地发展的喜剧小品，但正如速
水健朗所言，电影对团地住民生活的一切均不予描画，
焦点反而放在最后虽然住在团地却坚持要务农为生的儿
子身上。团地作为一种生活态度已清晰确立，与土地割
裂、乃至人际关系分崩离析的污名，逐步套于团地身上。

海外观众最熟悉的团地电影，肯定莫过于森田芳
光的《家族游戏》（1983），当中有不少地方扣紧团地特
色而发，住在团地的沼田家正是典型的核心家庭（团地
设计一向针对核心家庭而发，三代同堂绝非考虑范围之
内），而电影中出现的正是新型的高层团地。

在《团地的时代》中，重松清直指团地的出现直
接带来一种新的洁化空间观念，以前空间建构是以成年
人的方便舒适为中心，但团地从一开始便以核心家庭为
本，于是衍生事事以下一代为本的核心变化。道路上的
人车分离，正是为了孩子的安全而发；猥亵元素的可视
化排除，也恰好是从孩子成长的角度着眼。"为孩子的
教育着想"正好是团地时代的关键词，《家族游戏》中

一家克制为孩子的学习服务以及家教的出现，正好是世俗潮流命题显现的对应写照。

森田芳光把团地空间处理成异化的奇诡之地：大家一离开高层大厦就会恢复正常，但在团地的闭锁空间内，通过松田优作饰演的家教吉本胜之异常举动，令沼田家的秩序得以重构，从而讽刺本来冷漠的表面和谐，恰好是与团地划一、刻板化的空间构造互相呼应。

当然佐藤大留意到，即使电影刻画的是团地的封闭空间，却突出了高处的宽广度；而大山显更指出电影中一直把窗户打开，让飞机声入耳，通过五官感觉呈现它的"流动性"。即使团地在《家族游戏》仍以负面形象出现，但也并非一成不变的定见。正如吉田介入沼田家，同样可为后者带来推动力，这一点与森田的年龄及辈分也较为配合。森田于1950年生于东京涩谷，成长期中团地已不罕见，再加上作为都市人对土地依恋感没有上一辈那么浓烈，所以镜头下的团地印象，也自然出现更大变化和回旋空间。

由《家族游戏》到《温柔的兽》

不得不提《家族游戏》中的深层意涵，一直以来，日本的电影评论家都对最后母亲由纪于室内午睡，而外边又响起直升机声音的场面有不同解读的争论，从由纪是否已死到是否被孩子杀了，甚至是代表世界崩坏等说法也曾出现。

但佐藤大及速水健朗明言，这是在向团地电影的代表作——川岛雄三的《温柔的兽》（1962）致敬。《温柔的兽》中有父亲午睡时响起飞机声的一场，而由纪一场不过是异代的模仿致敬，其实通篇的飞机声也可作如是观，尤其是能清楚听到飞机声是高层团地的标志之一，正好可作内外吻合的呼应。

2012年的香港国际电影节策划了川岛雄三的小型专辑，名作《温柔的兽》也在此间放映。我在场刊中也曾指出，电影当年于正月上映，可惜票房却遇上滑铁卢，导演对此大表不满，认为不仅观众不辨好坏，连评论也没有一篇公允、中肯。川岛雄三甚至进一步抱怨，对自己的要求过于严苛，且借此为事业打气，明言以《温柔的兽》为里程碑，从此不再理会他人理解、明白与否，恪守个人的执持标准。

看过《温柔的兽》的观众，相信不少人都会对川岛的激愤深有同感，事实上《团地团——从阳台看出去的电影论》更把此捧为日本团地电影的最高杰作！电影以守财奴的军人一家以及更过之而无不及的恶女，构成令人震慑不已的黑色喜剧。电影中室外出现的"并行楼梯"（大山显指出这一设计在团地中甚为少见），与夸张变异的密封长梯可谓令人一看难忘。密封长梯成为欲望之梯的隐喻，彼此上落追逐浮华之梦。

电影更善用团地内的密室空间，不断通过各式各样的奇异角度，如房板上的空间、浴室外的屏风，或室内不同区域，来展示闭锁角度，从而呈现各人的隐秘心扉。当年艳光四射的若尾文子更是亮点所在，当中人物各怀鬼胎，于狭窄的住宅中恍如密室的困兽斗，一攻一守均充满张力。

川岛雄三机巧地把团地的现实状况转化为电影风格，因为空间狭小，故此一家齐集也实时化为性压抑之地，《团地的时代》点明，孩子长大后夫妻的性生活便成了大问题。重松清指出，不少夫妇会选择到外边的时钟酒店解决需要；而原武史则道出孩子上学后，是不少团地夫妇欢好的黄金时间。

《温柔的兽》处处弥漫色欲气息，但导演聪明的是电影劈头便引用能乐，把团地背景视之为能剧舞台的用意一早表明，所以电影中的色欲场面便以异化的能剧舞台风格表现，令人大开眼界之余，也拍案叫绝。

当然，名导新藤兼人执笔的剧本，很有社会意义，针对高度经济成长期的日本而发，把日本人道德沦亡心灵失落的状况加以讽刺嘲弄，把人性丑恶的一部分转化成幽默风情表达。但电影中保持导演一贯的狂气与不忿之情，才更加叫人动容。个人以为，此作最少可与川岛代表作《幕末太阳传》（1957）并驾齐驱，同步不朽。

由"团地妻"回溯《隔墙有秘》

　　一般而言，谈及团地电影必然不得不提浪漫色情电影风潮下的"团地妻"系列。系列的揭橥作为1971年的《团地妻，午后的情事》，于1970年代开始陆续拍成约二十部作品。后来进入AV及电玩年代，同样有人翻拍、再创作，这一系列成为戏谑、重构的热门对象。

　　正如"梅与樱"所言，撇除团地妻中为市场需要而加入的色情场面，它本质上是颇能反映时代风貌的社会写实作。不过我更感兴趣的是，就个人的观影经验而言，团地妻的脉络显然出自若松孝二的名作《隔墙有秘》（1965）。但《团地团》一书中对《隔墙有秘》竟然只字不提，那绝对不是一般的缺失；因而自然对其中团地电影最高杰作的评价起了疑问。

　　《隔墙有秘》是若松孝二早期极之著名的话题作。电影讲述一名失落高中生，无论在日常生活还是即将面对的大学公开考试中，都完全无力应付，于是便退而自闭，以自渎度日。由偷窥隔户的团地妻开始，终于发展至入屋强暴对方，岂料背负革命动乱人生的人妻，对一切不以为意漠然视之，令少年的尊严进一步受创，最后以少年杀死团地妻而告终。

当年日本政府打算封杀此作，而电检机构"伦映"在讨论如何下禁令期间，日活竟然先下手为强把电影送往柏林影展。日本政府要求禁止公映，但柏林方面并没有理会，上映后更好评如潮。然而，当时《每日新闻》以审查员身份出席的草壁久四郎竟以"国耻电影"形容此作。

电影在海外扬威反过来迫使日本方面批准影片在本土公映，然而，因为日活恐怕会得罪"伦映"，忧虑此后会遭到报复性的惩罚，结果极为低调地小规模放映。此事令若松孝二与日活关系破裂，因而成立"若松制作"，从此展现他更大胆、不羁的创作历程。当然，由电影引发的团地妻角度，后来竟成为浪漫色情片的畅销噱头，自属没有人可猜想的后话。

《隔墙有秘》最后一个镜头，是一则学生杀死团地妻的不显眼报道。如果电影只不过增加了奇情凶杀的元素，那自然也不值得在团地电影史上留名。《隔墙有秘》贯彻了若松孝二对左翼及学运的思考，团地妻及她的情人本身就是从火红年代走过来的人。这一点对照团地的由来，便产生耐人寻味的趣味。事实上，原武史早已指出，日本住宅公团开始策划团地之际，其实负责人曾远赴苏联参考，也即以莫斯科及列宁格勒的团地作为模仿对象，建构日本的团地，只不过这一点没有记录在日本住宅的公团史之中。换句话说，日本团地从一开始便糅渗了社会主义的影响，《隔墙有秘》的人物设定绝非偶然。

与此同时，日本著名的历史社会学家小熊英二在 *1968*（新曜社，2009）中指出，日本 1968 年学生运动热潮的一个原因，是大量从乡下来到东京生活的大学生不适应眼前混凝土森林的环境，仿佛与大自然的联系割裂了，于是出现了一种反都市、反社会的情绪。

我认为以上观察可借用于《隔墙有秘》的团地妻身上，她与情人都非团地的原住民，简言之，是背负其他生活经验而苟存或寄栖于团地之中。团地妻的丈夫一直强调眼前的丰盛物质生活条件，反过来绝不明白妻子在苦闷什么。团地妻则一直强调被困于四壁之内的心理恐惧，恰好正是小熊英二所谓的混凝土恐惧症变奏。当团地妻得知邻居（另一位团地妻）自杀，于是对眼前的环境更加漠然、消极。高中生杀死团地妻固然可以奇案视之（事发前他更在家中凌辱痛殴姊姊），但看成为团地妻借他人之手去完成自杀心愿，可能更符合剧中人的心理变化。

再结合上文提及的团地电影，大抵 60 年代的电影中，团地作为背负污名异化人心的整体形象，应该摆脱不了。踏入 70 年代，通过新生代导演及不同类型作品的重构，才生出转机来。而从艺术成就综论，《温柔的兽》、《隔墙有秘》及《家族游戏》都是团地电影的出色代表作。

影像性斗士大岛渚的启示

　　要追寻大岛渚对中国的牵连影响，其实我脑海中可谓一片空白。是的，他的作品都是极佳的电影教材，作为讲座或课堂上的分析对象，我想在过去的日子中已有不少影评人援引及采用。但说到大岛渚的精神——当然我们可以大而化之视为一种誓不低头的艺术执持态度，这一点最直接的影响，自然就是舒琪（叶健行）创立"创造社"——虽然那本来源自五四时期郭沫若及郁达夫的文社，但却又巧合地是大岛渚脱离松竹自立门户后的电影公司名字，再加上舒琪在港又发行了《青春残酷物语》（1960），把两者联系起来，相信也没有"过度诠释"。更重要的是，自舒琪"创造社"的发行方针至他后来经营"POV 书店"（壹角度书店）贯彻的独立自主气息，都堪称大岛渚在香港的异地忠实知音。

　　然而那仍未可填补脑海中的空白，除了有心人身体力行的呼应外，大岛渚所留下的，就仅止于影像上广阔无垠的艺术成就吗？关于大岛渚电影的艺术创意精粹，我不打算在此探究分析，说到底那不难自我搜寻——印象中大岛渚可说是拥有较多英语研究专著、其不少剧本被翻译为英语的日本导演，即使不谙日语应该也不难叩门认识。我反过来想追问的，是大岛渚从不妥协的艺术精神背后还包含什么细致的内涵？

永不止息的自我反省

从大岛渚身上，我体味到的从不妥协，其实指向的对象并不仅是外界的他者，而且他从来也不肯放过自己，往往积极在进行对自我的深切反思。不过读者要小心区别，我所言的自我反思绝非中国文革式的"自我批判"。正如佐藤忠男在《革命·情欲残酷物语》中，早已引述大岛渚对郭沫若在"文革"期间的"自我批判"嗤之以鼻，并从左翼的角度切入去指出背后的虚惘色彩。"我们自我批判，你们也必须照做"的集体压力，恰好对自我反省的本质构成终极反讽。在《日本夜与雾》（1960）中，由京大学运出身的大岛渚用学运背后种种尔虞我诈的人性扭曲牵连，结合出卖背叛再以谎言掩盖谎言的方式，把神话延续下去的本质揭破。大岛渚清醒地对自己出身的根源作出无情的披露，好让群众不会被自由、民主、公义等冠冕堂皇的借口麻醉头脑，以图精准捕捉，审度形势，避免沦为被利用的傀儡。

而与此同时，他于影像上的执持发展，其实也离不开贯彻的自我反省。《感官世界》的惊世骇俗色情影像，是他一生在电影中不断对性事及色情本质探问的收成结果。由《太阳的墓场》（1960）的炎加世子开始，导演反省自己一次又一次因为自己的软弱，而失诸交臂未能掌握在镜头下真正呈现性事魄力的机会。《喜悦》（1965）因不敢起用桃色电影女优，而令作品中的性表现大失精准度。而在《新宿小偷日记》（1968）中，导演自言又再度犯相同错误，没有好好把握当时的文化氛围，让男女演员户浦六宏及若林美宏在镜头前把性爱场面假戏真做。他反省在镜头下的性表现，如果要达到完全的体现，就要经过漫长的试误及修正过程，才能创作出《感官世界》这一出色情电影殿堂瑰宝的杰作。

甚至从工业上的定位而言，大岛渚也没有在任何一个角色固定停下来。一般人往往歌颂他脱离松竹，然后开创"创造社"打天下的丰功伟绩，视之为日本独立电影发展的里程碑。但其实真正独当一面的先行者应是新藤兼人，为了追求贯彻自己的创作路，他在1950年便离开松竹，且与吉村公三郎及殿山泰司组成"近代映画协会"，堪称日本电影独立制作公司的先驱，1960 年的《裸岛》更属震惊国内、外的独立电影代表作。大岛渚真正厉害的其实是从来没有故步自封，离开松竹之后，他根本就没有拒绝与松竹继续合作——《白昼的色魔》（1966）及《日本春歌考》（1967）两部经典名作，正是以创造社制作及松竹发行的模式生产出来。

回头再看，即使在与 ATG（Art Theatre Guild 的简称，下同）合作时，以"一千万日元电影"的低成本策略，完成了如《绞死刑》（1968）、《少年》（1969）及《仪式》（1971），但正如佐藤忠男所言，大岛渚也明白"一千万日元电影"双刃剑的双刃剑局限——在与 ATG 合作的后期，于《东京战后秘话》（1970）及《夏之妹》（1972），大抵能看到以低成本来表现理想，已经成为使想象力无法发挥的障碍。与 Anatole Dauman 的合作，也自然而然成为导演重整艺术生命的必要之举。

《日本夜与雾》之星火燎原

于我而言，最爱的大岛渚作品是《日本夜与雾》。大岛渚的厉害之处，是一起步已具大师风范，没有成长期，与整个狂飙躁动的 60 年代极为吻合，仿佛没有任何时间可供浪费，必须要尽情把生命燃烧成绚烂人生。我不知道对今天的大学生来说，政治在个人心目中还有什么地位，但自己深明政治较爱情于青春期的吸引力绝不可低估。对于《日本夜与雾》，个人的最大遗憾是于青春期后才看到。我的青春期有酷死方生的《中国女孩》（高达）及《逍遥骑士》（丹尼斯·贺巴），却正欠缺了实牙实齿学运最前线的烈焰。中二已读完《资本论》的大岛渚，证明二十八岁仍心存熊熊圣火。十七日的高速拍摄行军，成就日本 Discussion-Drama（对白剧）的新名堂；四十三个镜头组成一百零七分钟的杰作，换回来三天的映期。大岛渚迅即炮轰松竹高层和火攻行内记者，前者作政治审查，而后者仅以为"日本新浪潮"只有性与暴力两味——想不到四十多年后松竹把本片列为松竹百强影片之一。这就是政治的最佳说明。

不少论者早已提及此作中的摄影美学成就，如只有四十三个镜头的一场一镜的极致发挥，不过较少谈及与"新剧"戏剧形式上的牵连。"新剧"兴起于明治时期，是全盘"现代化"的产物之一。借鉴于外国的自然主义剧场，部分更坚持只上演源自外国的翻译剧。尤爱易卜生的作品，经历自然主义后，再由心理写实主义到表现主义等思潮的承传。而演技的方法亦于 20 年代引进了斯坦尼斯拉夫斯基系统，再由戏剧界传入电影圈中。"新剧"与日本电影接轨的首先在于同样关心个人的问题，而且把过去的超越主义倾向重新放回心理主义的范畴内，来思考个人肯定的方向。而到了50年代、60年代，日本更兴起"后新剧"的表演浪潮，和新浪潮作品相似，同样采用非寻常、辩证式以及形而上的展示形式，去探讨人生与文化的问题。评论家Tsuno Kaitaro指出，"后新剧"的精粹在于"多重向度"地发掘人生，与现代剧场刻画的单向及具组织性不同，而是处于复杂乃至混乱的多重互动组合过程——这一点正好可以用于形容《日本夜与雾》。"后新剧"不重外表修饰，以意念为先带动——《日本夜与雾》中利用灯光的明暗变化、剧场式的时空跳接，乃至连续不断的议论滔滔，正好和它的风格不谋而合。

此外，电影中的文本，更加与整个日本学运的起伏有密切的扣连关系。1951年11月7日发生京都大学事件，京都大学学生在参与由当地劳工团体举办，庆祝布尔什维克革命的巡游后，学生再上街示威，且以石头掷破一位支持《日美安保条约》的议员家的窗户，警方介入，逮捕了很多学生。当时大岛渚正是京都大学自治会的领导人之一。1952年的Popolo剧场事件——有警方卧底混入一左翼剧团于东京大学的表演中，在表演中不断记下笔记，因而酿成警方与学生的冲突，《日本夜与雾》的卧底情节甚有可能由此得到启发。

本来踏入 50 年代后期，因为日本人的生活水平日渐提升，社会的矛盾也稍获纾缓，支持工运及学运的人数也在下跌（片中表现了第一代学运分子如宇田川教授、中山、野泽及东浦等人的苦闷处境），但第二次《安保条约》的出现再度提供了一次重燃激情的契机。本来全学连与日本共产党的关系已日渐紧张，一方面前者生出"新左"派别，而共产党则明言不予认同。但第二次《安保条约》的迫近令大家产生统一沟通的幻象（《日本夜与雾》的主题之一），日本社会党、日本共产党、全学联及日本劳联均站在同一阵线，共同表态，日本不应再与美国签下条约。而全学联更希望利用这次机会，通过精心安排的暴力运用，作出动摇政权的尝试。

1959 年 11 月 27 日的国会冲突，揭示了日本共产党与全学联划清界限：当天全学联组织了三五千人去冲击国会的围地，结果导致警民双方都有不少人受伤，社会上一般均批评学生的冲动、鲁莽，而日本共产党也表态批评全学联的主事者为托派、冒险家及机会主义者，从此两个组织已进入不和时期——这正是《日本夜与雾》中关于组织之间的背叛主题的源起。

长篇累牍指出《日本夜与雾》的现实学运指涉，目的是想指出严肃认真的艺术家的社会关怀精神。大岛渚终其一生对艺术生命从来没有妥协的余地，即使后来拍摄电影的机会及条件大受掣肘，他也没有向娱乐片大势低头屈服。告别大岛渚其人，但更重要的是好好珍惜他留下的艺术瑰宝以及誓不低头的艺术家风骨。

对伪善的反抗

我想借大岛渚的经历，突出他对任何身份及角色，都抱持批判性的敏锐目光——即使自己曾拥有某一身份，也绝不会为此而涂脂抹粉，甚至因为认识尤深而作出更严厉的批评。也正因为此，导演对社会上的伪善表现，更加不断口诛笔伐。就以日本推行的行人天堂概念为例，他直言乃是偷取露宿者、嬉皮士的"哲学"而来，而由《被迫殉情的日本之夏》（1967）到《新宿小偷日记》，均早已把他们在街道上的公权阐述得一清二楚。日本警方乃至权力中心的行人天堂概念，正是以清除扫荡社会上的弱势社群，再加上骑劫理念重新包装，而衍化为人民乐园的伪善管理措施。

如果大岛渚可以有任何启示，我个人卑微地期盼为"律己以严"及"反抗伪善"。更重要的并非把矛头指向惯常批判的外界他者，而是请读者好好思量怎样从自身出发，去体现大岛渚精神。

性与暴力的革命

——反权力者若松孝二的肖像

若松孝二于 2012 年 10 月 17 日因交通意外遽然离世，当然出人意料。对于这位一生坚定反抗权力的导演来说，这样的逝去不仅留下很多遗憾（2012 年他还有三部新作《海燕 Hotel Blue》、《11·25 自决之日——三岛由纪夫与年轻人》及《千年之愉乐》），而且这个结局与他狂飙一生的激情反动形象也极不吻合。无论如何，逝者已去，我们还是趁此契机去回溯这位异色大师的人生轨迹吧。

社会主流的异端

若松孝二一生游走于色情、暴力及政治的领域之间，由于他处理的题材及手法一向大胆尖锐，所以无论去到哪里，都自然而然成为被针对的对象。事实上，他的作品不仅在日本国内的发行常被掣肘，即使去到外国也大同小异。

1966年的名作《婴儿偷猎时》在巴黎于2007年重新发行时，便被定性为X级，令整个计划大受影响。电影在比利时的影展放映时，有部分观众向银幕掷鸡蛋以示抗议，但同样有人想继续观赏下去，于是向抗议者还击，因而令放映活动乱作一团。不过若松孝二仍怡然自得，因为他从来认为电影最重要就是引起争议，刺激观众的思考及作出回应，而他最失望的反应就是观众以"有趣"作为评论、回响。

由于他曾多次进出巴勒斯坦，拍摄《赤军：Pelp世界战争宣言》（1971）及《赤军残酷内斗暗黑史》（2007），所以在外国眼中早已把他与恐怖分子的印象联系起来。有一次，他前往法国去拍摄音乐录像，岂料甫下机便被拒入境，甚至打算把他直接遣返日本作罢，幸好后来翻译说明他是导演，更是举世驰名的《感官世界》（1976）的监制，事情才得以了结，后来他更肯定美国、俄罗斯及澳大利亚均属于不欢迎他入境的国家。

在接受Tom Mes于 *Midnighteyes*（2007年12月4日）访问时，他径言日本文部省批核电影资助基金的委员均属文盲——他们看不懂剧本，不理解导演如何对相若题材作变奏的新颖处理，只属官方的傀儡。他们运用人民的金钱，但却以为是由自己的钱包掏出来。有一次委员会表示想看他关于联合赤军的新作，导演表示可以安排，但他们必须购买门票入场，结果只有另一日本导演石井聪亘买票观赏，这正是若松孝二穷一生之力向官僚主义宣战的动力所在。从 1960 年代出道开始，当他自立门户以"若松制作"打天下后，便一直以自给自足作为制作方针。当大家对 60 年代 ATG[1] 的一千万日元电影计划津津乐道之时，若松早已响应新藤兼人的独立电影制作宣言号召，以"三百万映画"杀入市场。在"之后什么发生了？——'三百万映画'的荣光与悲惨"中，若松直指当年一百二十分钟的阔银幕电影，三百万日元可谓是最低限度的制作费，但他自言必须要走上此路，否则只会沦为日本五大电影会社（松竹、东宝、大映、新东宝和东映）的寄生虫（《若松孝二全发言》，河出书房新社，2010 年 7 月，第一版）。事实上，为了增加自主权，他于 2008 年开始便在名古屋经营一所小型独立电影院，除了确保电影的发行面世机会外，还不断带同作品游走全国作小型巡回放映，务求作主动出击，不用

1　Art Theatre Guild 的简称，即后来的新宿文化剧场，成立于 1962 年，专门放映艺术电影。后来更发展出"一千万日元电影"的制度，由 ATG 及导演的制作公司合资制作新片，协助当时才华横溢的导演如大岛渚、今村昌平和吉田喜重等拍摄新作，对 60、70 年代的日本电影发展可谓影响至深。

受制于客观的封闭环境。

在日本电影业界中，和他保持密切联系的全属"法外之徒"。60年代于日本新浪潮之际，不少导演早已互通声息。大岛渚在完成《悦乐》（1965）后，便曾承认应该向若松孝二等前卫粉红映画导演学习，女主角早就应该挑战业界的女主角担纲，才可以提升电影的素质（见大岛渚英文翻译著作 *Cinema, Censorship, and the State——the Writings of Nagisa Oshima*）。而若松对大岛渚的电影也推崇有加，认为《感官世界》（1976）是举世名作，《战场上的圣诞快乐》（1983）敢以男角贯彻全片，也是高手出招的表现（《若松孝二全发言》）。

若松孝二驾到

不少人对若松孝二均存有误解，以为他不过是为色情而色情的粉红映画巨匠，然而一旦有机会去加以细察，自能看出导演与众不同的野心，借着性事来挑战社会的霸权和压迫，一直是60年代日本新浪潮的主脉旋律，只不过鲜有人可如若松孝二般走入极端的虚无旷野而已。

他自1963年开始在日活打天下后，凭《甜美的陷阱》出道后，仅于两年便完成近二十部作品，创作力之澎湃令人咋舌，任何新闻时事——由火车意外到黑帮暴力事件——都能迅速转化成电影内容，乃名副其实的巧手工匠。自从武智铁二于1964年凭《白日梦》杀开粉红映画的一条血路后，若松孝二便正式投身粉红映画的大家庭，而且较所有人来得极端及魄力惊人。"从粉红映画出击"中，导演指出当年社会对色情电影仍存在严重的歧见，认为描写性爱场面以及拍摄女性的裸体，均属一种常识中的"罪恶"，而对于当中存在人性解放与自由探寻等议题，一概搁置不论。他自言同道中人是抱着用生命及思想做赌注，将精华置入粉红映画中，去扭转及廓清歧见，也借此对国家体制作出尖锐的批评及反抗（《若松孝二全发言》）。

与此同时，若松孝二的名字一直与是非争议纠缠不休。《隔墙有秘》正是他早期最著名的引发争议的作品。电影讲述一名失落高中生退而自闭度日。由偷窥隔壁人妻开始，终于发展至入室强暴、杀死人妻而告终。

当年日本政府打算封杀此作，而电检机构"伦映"在讨论禁令期间，日活竟然抢先把电影送往柏林影展，上映后好评如潮。然而，当时以审查员身份出席的日本官方媒体人以"国耻电影"形容此作。

电影在海外扬威即迫使日本批准影片在本土低调地

小规模放映。若松孝二与日活关系也在随后宣告破裂，并愤而成立"若松制作"，便于展现更大胆、不羁作品。

由情色到政治

　　由他成为社会争议焦点的《隔墙有秘》开始，若松孝二便一直逃不出是非圈的光圈内。正如日本影评人切通理作在"四十年的挑逗与叛逆——回顾色情电影"中指出："1963年凭着《甜美的陷阱》出道的若松孝二，其后有1965年制作的《隔墙有秘》在柏林国际电影节上映，被日本的'良知派'知识分子骂作国耻电影。1967年又凭《婴儿偷猎时》参加布鲁塞尔国际电影比赛。后来认识了大和屋竺、足立正生及小水一男等一班年轻电影人，在1960、1970年代之间，正当全共斗运动最激荡的时候，他们将自己的情念注入雄性的电影风格里。足立在1969年参加了《简称：连续射杀魔》的制作，追踪一个由贫苦少年演变成连续射杀犯永山则夫的真实故事。又在1971年同若松孝二制作关于巴解游击队的纪录片《赤军派PFLP：世界战争宣言》，这些纪录片的制作使他们有机会超越粉红映画的范畴，更加接近现实。其后足立更离开日本电影界，远渡巴勒斯坦，加入游击队。"(《星·色日本独立电影新貌》，香港国际电影节及香港艺术中心联合出版，2002）长篇引述日本影评人的意见，除了便于大家切入若松孝二所身处的日本语境外，更重要的是我想指出就性与革命纠合而论，其实在60年代绝不罕见，而且也是一个独具时代意义的命题。

事实上，60年代在日本拍摄粉红映画(软性色情片)，可谓是不少年轻知识分子维持生计以追逐理想的必经之路。松岛利行在《日活罗曼色情片全史》(东京株式会社讲谈社，2001年初版)中，便专辟一章来阐析剧场上的进步青年与粉红映画的渊源关系。其中日活的粉红映画计划主导者冈田裕本身正是前卫的左翼剧场工作者。他深受当时的社会主义运动的思潮影响，参与了全学联的运动。与此同时，国际上1959年的古巴革命、1960年首尔由学生运动导演李承晚总统辞职，乃至后来越南南方民族解放战线的组成，均激发他们把题材转化成剧场作品的创作欲望。冈田裕后来正好指出，若松孝二恰好看中了一群革命青年的澎湃创作力，于是直捣新宿的居酒屋，去直接邀请当时的前卫青年协助写剧本，以八万日元一个电影剧本的价钱来招徕这批人才。其中大和屋、榛谷泰明及曾根义忠与若松孝二特别投契，加上山口清一郎、吉泽京夫及冈田裕自己，便开始以笔名"大谷义明"来联合创作电影剧本。若松孝二早期代表作如

《情事的履历书》（1965）、《隔墙有秘》及《婴儿偷猎时》正是由此而来。不过一笔有趣的闲话是，每次若松孝二在发放了八万元的剧本费后，就会在当夜举行扑克大会，然后又从他们一众人手上把刚发出的剧本费重夺回手上！色情电影与革命理想，正是以一种相互共融的方式纠合在一起，燃烧这一伙革命青年的青葱岁月。

性与现实的交错纠合

若松孝二的粉红映画，往往会适时地引入时事话题，来强化电影的政治性。1966年美国芝加哥发生了一件惊人的性侵犯惨剧，一名菲律宾血统的女护士Corazon Amurao 在睡眼惺忪之际，给 Richard Speck 打开了大门，他结果用枪指吓房中的女性，逐一把她们强暴，然后再加以杀害。全屋唯一的劫后余生者正是Corazon Amurao，最后亦是凭她的指证，Richard Speck才被绳之以法——而他手臂上还刻有 Born To Raise Hell 的文身。

若松孝二在 1967 年立即把上述新闻，搬入银幕而成为《被侵犯的白衣天使》，且由剧场红人唐十郎撰写剧本及担任主角。为了配合粉红映画的色情类型，他把六位护士描述为性开放的一伙，其中更有人劈头便投入同性恋的交欢中。不过电影重心始终放在由唐十郎出演的少年身上，导演特别强调他的性无能缺憾，从而隐喻出少年在时代下的无能为力，被社会排挤而成为旁观的零余者。于是一切的怒火及狂态，只能通过性暴力来加以宣泄。电影中刻意加插了一场，当少年开始枪杀在场的护士，其中一人企图挑逗少年，希望用肉体去换取少年的手下留情。岂料在过程中发现少年在少女身上忽然停了下来，镜头暗示他因性无能而犹豫不决，结果少女忍不住笑了出来——少年立即产生幻象，肉体与嘲笑的拼贴构成主观的心理万花筒。Jack Hunter 在 *Eros in Hell Sex, Blood and Madness in Japanese Cinema*（Creation Books International, 1998）中"若松孝二"一章，直言少女的笑脸以表现主义式的特写扭曲呈现，而通过把枪放进阴道，完成射击及射精的行动，才终结不畅快的梦遗节奏。David Desser 在评论《被侵犯的白衣天使》（*Eros Plus Massacre—An Introduction To The Japanese New Wave Cinema*, Indiana University Press, 1988）时，指出若松孝二的作品中，男性的受辱可说是一个基本母题，他们时常被性爱上进取的女性讪笑，结果只能够回头用暴力的方式报复发泄，就像电影中的主人翁。我想不少人都会联想起《隔墙有秘》中的高中生，广义上他激不起团地妻的性趣，其实也是一种无能的变奏显现，只不过这是一种对客观环境急速遽变的无力应付的象征手法而已。David Desser 更指出，在电影中若松孝二偶尔插入的彩色镜头，包括护士被绑、日落乃至五具尸体的展示等等，全都起了戏剧化眼前境况的作用，以布莱希特的疏离化效果把观众从情欲消费中抽离出来，重新思考现代社会文明状况。

由外国的性罪案出发，导演借力打力，通过电影的重构暗示地狱早已降临世上。而现实中除了无政府的暴力抗争，备受压力的年轻人根本不可能有何出头机会。而少女就被导演刻画成嘲讽少年无能的同流者——当然大量的性爱场面亦要符合色情片的类型要求，从而影射社会对少年的压迫无远弗届。

这就是若松孝二的青春魄力，正如切通理作所云："若松孝二的作品，把性、毒品、乐与怒的年代的现象和文化，直接传授给对政治冷感的现代年轻人，对他们产生很大的震撼。"只不过我想补充：即使相距数十年，得以目睹当年的暴烈作品，同样受到莫名的震动。

结　语

若松孝二在忆述 60 年代的社会运动激情，曾不无感慨地指出，当年的参与者其实不少来自有闲阶级的子弟，反过来无产阶级的年轻人其实正忙于糊口，对身边发生的一切倾向漠然视之。然而易地而处，时至今日于一些革命激情均沦为外交桌上的政活谈判及修辞技巧，什么阶级其实同样早已波澜不兴。"从粉红映画出击"中，若松认同80年代于表现活动的可能性上确实较以往来得自由，然而思想控制的方法也同时变得巧妙得多。就以性爱色情的表现为例，现在的社会文明以体制内的规范，提供特定的发挥空间，致使它沦为消费品，即使出现女性主义的喧哗，一切也置于可接受的程度内。简言之，色情影像作为革命的手段也益发难上加难。这就是我们熟悉身处的后现代文明社会，一切以断片碎念拼凑重构而成，再没有宏大论述的可能，而革命也只能以沦为消费品或消耗品的形式存在，激情不再——若松孝二的离开，由此角度观看也未尝不是适时的终局。

堕入灵光消逝的岁月

——由 ATG 谈起的点点滴滴

新藤兼人、大岛渚、若松孝二及森田芳光的离世，当然是偶然事件。但作为背负一个年代消逝的象征，那又不可说没有必然的成分在内——虽然森田芳光辈分上属后来者，但因为 ATG 的关系，他们均曾在 ATG 的护荫下度过一些美好时光，或许我们可以 ATG 作为一个切入点，去追溯那段风起云涌的激荡日子，好让大家为即将堕入灵光消逝的岁月做好准备——人生遥遥路漫长，还是需要坚实的回忆来支撑未来的崎岖险途。

回忆的点点滴滴

不如先由一些故事谈起，最近看横尾忠则的自传《海海人生！！》，他在其中一节提及主演大岛渚《新宿小偷日记》（1969）的经验。横尾直指虽然没有悉数看过大岛渚的电影，可是绝大多数都没有错过，自信颇清楚他的思想和风格，也知道他每次都会挑一些意料之外的人物当主角且取得成功。但横尾仍然全无自信，结果拍摄便是在摸索迷惘中开始进行，他更忆述剧本里处处都是空白，一切都依据现场发展来决定怎样接续。

横尾忆述电影以新宿为主，全部都是实景拍摄，每天连续进行甚至通宵不休。因为拍摄过程和故事流程无关，时序会被打乱，横尾自言完全搞不清楚自己在演哪一场。既没有像自己过去想象的那样体验演员的心情，也没有因为演出的快感而陶醉。总觉得心情有点黯淡，不管怎样想都不觉得自己在拍什么有趣的电影，觉得与大岛渚过去作品的风格相去甚远。虽然自己是主角，出场机会很多，但却隐然觉得电影的主角可能不是人，反过来可能是新宿的街角、1960 年代，或是电影本身。

我觉得横尾以上的回忆甚有意思，也隐然把一种朦胧的当局者氛围精准地点明道出。今天回看，《新宿小偷日记》当然不是大岛渚最精彩的作品，但却了然无误地近距离、无隔阂地把当时新宿的文化躁动传递给观众；而既然在《日本夜与雾》（1960）中，导演早已针对自己学运的背景作出严厉批判，那在《新宿小偷日记》中又怎会对放浪形骸的文化人手下留情？但那都不是事情的关键要旨，而是大家身处其中，充满憧憬却又迷迷惘惘，甚至到最后暗自感到眼前一切的存在（包括自身的存在），都是时代的装饰物——横尾的艺术家触觉，提醒我们那种与时代交错的《断章》意蕴：你站在桥上看风景，看风景的人在楼上看你。明月装饰了你的窗子，你装饰了别人的梦。

是的，所以你不难看到时代的旁观者，会热切投入那个时代、那种氛围中，去自我寻根、锁定身份。日本的电影学者四方田犬彦在"我所知道的ATG两三事"（收录在《日本电影与战后的神话》中）便刻意把自己的观影成长经验（由ATG成立四年后的1966年开始）与ATG的神话结合并置，然后直言："如果没有在初中到高中时期受到这些作品的巨大影响的话，现在的我恐怕不会从事艺术评论这个职业，也许会在日本企业中当一个勤勤恳恳的业务员。不单是我，音乐家坂本龙一、诗人吉增刚造大概也是如此。"无论是身处其中的如横尾忠则，又或是路过旁观的四方田犬彦，其实都点明了雾里看花的事实——彼此相互装饰对方的梦，大家都会对时代各取所需，各自把当中的激情动荡植入个人的历史档案中，来一直传诵张扬60年代的已逝神话。

不过我并没有打算就此打住转入谈论ATG的正文去，还是再去看看一位当事人的回忆吧。且看若松孝二在"这就是'大岛的电影'"（收录在《若松孝二全发言》）的说法——在若松孝二和大岛渚合作《感官世界》（1976）时，完成拍摄刚好是在 12 月，而若松恰好手头拮据，连过年度岁也成问题，结果在大除夕向大岛渚求助，大岛二话不说在探望若松后，留下写上"寸志"（即一点心意）的信封。待大岛渚离开后，若松拆开信封，内里有三十万日元，正好可以足够他过年应急之用。

我不知道以上算"大岛的电影"中的哪一场，不过若松关于柴米油盐的回忆，个人认为刚好可以提醒旁观者的文化迷思——60 年代当然是追梦年代，也是狂飙躁动的年代，但请不要忘记也是胼手胝足的年代，挣扎求存的年代。如果我们对一众已逝的导演作出什么追思，很明显并非旨在把人物或时代神话化，而是好去细味他们如何在时代的旋涡中砥砺自重，恪守个人原则，与业界制度、经济起飞乃至流行文化的洪流加以对抗周旋，为我们留下美好宝贵光影印记。

ATG 的影响

1960 年代的日本电影面貌，导演松本俊夫曾经分成四大类：一是由纪录作家协会再经历映像艺术会，而以小川制作为代表的自主制作及纪录片谱系，代表作有小川绅介的《压杀之森》、黑木和雄的《我的爱，北海道》及松本俊夫的《石之诗》等；二是以大岛渚由松竹辞职，转入自主制作的脉络为代表变化过程，然后以 ATG 作为重心基地的合作及配给发行的 ATG 谱系；三是东映的黑帮谱系及以若松制作为代表的粉红映画谱系，代表作如加藤泰的《三代目的袭名》及若松孝二的《二度处女 Go Go Go》；四是由地下映画延伸的实验电影谱系，如足立正生的《锁阴》及饭村隆彦的 *Love* 等。从作品数量而言，自然以谱系三为著，但结合艺术水平高低及影响力波幅长短而言，谱系二肯定是最重要的一环。

把 ATG 作为捕捉 60 年代日本独立电影的切入点，我觉得属最为精确且有力的选择。ATG 成立于 1962 年，专门放映艺术电影，最初以发行海外作品为主，费里尼、布烈松及高达等的电影均于此开始引入，影响日本一代的文艺青年。当时的社长是三和兴业的井关种雄，而旗下分别有极为活跃的制片左右手葛井欣士郎及多贺祥介。与此同时，也同步开始招揽不容于院线发行网络的电影配给公映，1962 年便已曾公映敕史河原宏的《陷阱》（敕史河原制作）及新藤兼人的《人间》（近代映协），至 1967 年因为放映大岛渚超低成本制作的《忍者武艺帐》而大获成功（将静止的纸画剧如图画般拍摄下来进行剪接，成为长篇连续画剧），极受学生观众欢迎，于是启发了后来"一千万日元电影"的制度（以当时的物价而论，一千万日元的制作费大抵等同正常电影公司的五分之一左右的预算，而日本的软性色情片粉红映画的制作费大约为每部三百万）。意指由 ATG 及导演的制作公司合资制作新片（各出资五百万），协助当时才华横溢的导演如大岛渚、今村昌平和吉田喜重等拍摄新作（第一部"一千万日元电影"正是今村昌平的《人间蒸发》），对 60 年代、70 年代的日本电影发展可谓影响至深，由此合作拍成不少翻云覆雨的惊世作品，日本新浪潮之盛名才得以广布天下。ATG 于 1967 年更在其地下室开设了小剧场，名为天蝎座，专门上映先锋剧场作品又或是实验意识浓烈的短片，如最先放映的正是足立正生的《银河系》，可说为日本的文化界掀起一浪接一浪的波澜。

以 ATG 切入日本的 60 年代至 80 年代，其实与近年离世的日本诸位巨匠有密切关系。由新藤兼人、大岛渚、若松孝二到森田芳光，他们的导演生涯与 ATG 都有交接的片段。虽然在 ATG 相关的作品，不一定为导演本身的个人代表作，但他们与 ATG 的交会点，均在在反映出不同程度的重要影响。影响大致可分成两方面，一是对作品创作的支持及发展，二是对身处业界内可如何持续地生存提供参考及反思，关键地位可谓不言而喻。

日本的 60 年代正属转变剧烈的风云变幻期，一方面学生运动和政治争议持续不停，以《日美安保条约》为重心的前前后后的动荡，可谓无日无之，也自然令理想与现实之间的角力冲突趋向激化；ATG 的实验色彩、前卫风格以及反主流的发行及制作模式，也是受益于以上的时代氛围才得以发光发热。但与此同时，我们千万不要忘记，60 年代正是日本高速迈向大众文化的时代，伴随经济急遽上扬之时，上述的沉重思考乃至严肃反思，同样也面对平庸化及边缘化的倾向。北川登园在"大众文化的时代"中提醒，60 年代末期的日本其实已进入经济层面上的太平盛世，当时的流行语名为"昭和元禄"。新井一二三也曾以个人体验的角度，回溯昭和元禄的滋味："那年的另一个流行语是'昭和元禄'（指 1968 年）。江户时代元禄年间是社会稳定、经济发达、消费生活成熟的高峰期。战后二十多年的日本人自我感觉非常好，竟想起元禄年间的繁荣来了。街上走的年轻人，不分男女都留着长头发，穿喇叭裤和高跟鞋，弹吉他唱反战歌，也就是日本版的嬉皮士。"（《我这一代东京人》）北川登园指出日本于 1968 年的国民生产总值已攀上世界第三位，而 1970 年举行的大阪万国博览会，更加以入场人数六千四百多万人，门票收益逾三百七十三亿日元的天文数字谢幕，在在显示出日本已全面进入大众文化年代的高峰期。

　　我想指出的是，一众日本导演于60年代开始通过ATG进行的文化实践，其实一方面是乘势而起，但同时时势也迅速逆向流走，彼此恰好在一个特定的有限时间、空间中，尝试相濡以沫，共同创造奇迹。即使以与ATG关系最密切的大岛渚为例，他也是因缘际会，《李润福日记》于1965年12月内在ATG连续一周的夜场上映，当时葛井欣士郎的条件是，要求大岛渚每晚都要到场作专题演讲。再加上后来1967年开映的《忍者武艺帐》刷新了电影院开馆以来的入场纪录，ATG的"一千万日元电影"才有面世的契机，一切均可谓得来不易。其后在多贺祥介乃至接任社长的佐佐木史郎麾下，不少日本新导演正好掌握机会冒头，前者发掘了令人眼前一亮的长谷川和彦，后者更大量提拔新人，大森一树、高桥伴明及石井聪亘都是借此出道——而已离世的森田芳光，也正是由佐佐木社长提议而促成合作，而拍出《家族游戏》（1983）。

新藤兼人与ATG

　　作为早于1950年便辞职且与吉村公三郎及殿山泰

司组成"近代映画协会",新藤兼人绝对堪称为日本电影独立制作公司的先驱。加上1960年又创造了奇迹,以超低成本的五百五十万日元完成全无对白的实验作《裸岛》,因而大受注目,于莫斯科电影节中勇夺金奖,且成为西方认识新藤的关键作品。不过即使名高位重如他,在60年代、70年代同样陷入举步维艰的制作深渊。

新藤一生共有六部作品与ATG有关,《人间》(1962)、《铁轮》(1972)及《沟口健二:一个电影导演的生涯》(1975)乃配给作品,而属于"一千万日元电影"的协作片有《赞歌》(1972)、《心》(1973)及《绞杀》(1979)——其实随着时间的转变以及物价的上涨,"一千万日元"只是一个泛称,《赞歌》的制作费为一千五百万,而《绞杀》为两千三百万,但仍是按制作公司和ATG各半的方式合资拍成。

从作品本身出发,《赞歌》可算是一直为人低估、忽视的作品。1972年本属社会上风起云涌的一年,浅间山庄事件加上联合赤军的杀人案,早已把先前的理想主义激情摧毁。一向社会性很强的新藤兼人此时此刻竟然把谷崎润一郎的《春琴抄》再度搬上银幕(已属继岛津保次郎及伊藤大辅后的第三个电影版),的确令人有摸不着头脑之感。但正如佐藤忠男在《日本映画的巨匠》中的观察,新藤把《春琴抄》改名为《赞歌》,早已预告焦点重心的转移——对性的赞歌。《春琴抄》本事中的惊世安排是佐助为了追求春琴，自毁双目以伴终生。然而新藤则把原来对琴艺的艺术向往，转化为性的执迷，一方面突出两人因目盲而发展出触觉性爱的探究，同时甚至新添情节，把两人的孩子送去寄养，以免妨碍沉溺于性爱生活的二人世界——这肯定是利用性解放的时代属性，去作出重省经典的尝试，当中也强调了生之欲望的动力源泉，为现实中时代风气的即将逆转而作出最后的挣扎悲鸣。

另一方面，新藤兼人在"ATG与我"中也忆述，对他而言ATG愿意安排《沟口健二：一个电影导演的生涯》上映，确实是雪中送炭之举。他指出电影完成后，因为题材褊狭再加上是纪录片，根本就没有发行商愿意及有兴趣提供上映机会。后来ATG看后，决定让它面世，电影才不致石沉大海。事实上，当年的票房成绩也着实欠佳，简言之是ATG一早已决定乐意承担预先张扬的亏本放映活动。然而对业界而言，《沟口健二：一个电影导演的生涯》有其独特意义，好让大家可以从另一角度去了解一代大师的生成起伏变化。正如佐藤忠男在《日本映画300》中所言，电影中一众友人对导演的怀想追思或许已印象淡忘，但其他在拍摄过程饱受导演折磨摧残的"受害人"证言，才深深烙印于脑海。纪录片也正好带出对艺术家作为完美主义者的反思,大抵也是从另一角度去理解沟口健二作为现场暴君的最佳凭证。总括而言,ATG 从艺术创作角度及发行实践角度,均为新藤兼人提供了重要及适时的支援,好让他可以持续探索下去。

大岛渚与 ATG

在离世的四位导演中,与 ATG 关系最密切的首推大岛渚;换一个角度而言,ATG 的成功扬名,大体上亦与大岛渚的高飞远扬互相扣连成为命运共同体。或许我们先来一简略回顾:属配给式的 ATG 上映大岛渚作品为《李润福日记》(1965)、《忍者武艺帐》(1967)和《新宿小偷日记》(1969);属协作式的"一千万日元电影"制作有《绞死刑》(1968)、《少年》(1969)、《东京战争战后秘话》(1970)、《仪式》(1971)及《夏之妹》(1972)——其中不少均属令人惊心炫目的杰作。

事实上,ATG 与大岛渚的密切度,可以《仪式》为代表作出说明。那是 ATG 成立十周年的纪念制作,更破纪录地以"两千万元"成为 ATG 的超豪华制作,甚至借用大映的京都摄影厂来置景拍摄(因成本所限,"一千万日元电影"一向以实景拍摄为本,从而减轻制作费的负担），可说是 ATG 倾尽全力投入的招牌制作。佐藤忠男以"对战后依恋的全面否定"来为《仪式》定性，正好道出作品通篇灰暗，弥漫浓厚悲观绝望气息的风格。电影以"二战"战败后的翌年（1946）为背景，借一个虚拟家族（樱田）二十五年的起落变化作为国族隐喻，勾勒日本的战后历程。当中各式各样的死亡方法及气息一直笼罩全片，无论身处任何位置及分属何人，似乎都无力也无法走出时代阴霾，而被迫成为时代陪葬的牺牲品。

不过对大岛渚而言，我肆意地猜想与 ATG 的成功合作，经过了好一段蜜月期后，大抵反而成为他的桎梏和枷锁。在 1977 年所写下的"'ATG 映画'之前的小页"一文，他提及对"一千万日元电影"感受。面对"一千万日元电影"的低额预算及完全自由的二律背反创作条件，导演自言与创造社的同仁均陷入一种紧张与欢喜的纠合情绪中。所谓的紧张与欢喜，并非因为上述提及的二律背反条件而发，反过来毋宁说是因为此二条件导引他们进入创造的天国中。相反，当这种紧张与欢喜的情绪一旦丧失，也同样迅即恍如堕入地狱——而这正是当初开始参与"一千万日元电影"时不可能预知及理解的。

大岛渚在上文中话语含蓄，但如果佐藤忠男在《革命·情欲残酷物语》中没有过分诠释：大岛渚也明白"一千万日元电影"的双刃剑局限——在与 ATG 合作的后期，于《东京战后秘话》（1970）及《夏之妹》（1972）中大抵能看到以低成本来表现的理想，已经成为使想象力无法发挥的障碍。低成本电影虽能表现大公司难以接受的前卫构想，并且在这方面开展极大的可能性，但如果接连几部片都不变换一下方式，也许就会陷入僵局。此所以与 Anatole Dauman 合作再完成另一阶段的绝世经典《感官世界》（1976），也自然而然成为导演重整艺术生命的必要之举。当然，也可以从另一侧面反映出无论 ATG 如何努力，在客观条件的制约及社会风气的转变下，能够做的大抵已经接近油尽灯枯的地步——培育新人便成为踏入 70 年代后，更有效率及具迫切性的时代任务。

若松孝二与 ATG

若松孝二与 ATG 的关联，或许不如另外三人密切，大抵正如上文所云，他自身的若松制作已经属 60 年代的粉红映画谱系代表，不少名作都在自己麾下制作生产，而且粉红映画中习以为常的三百万元制作成本，可谓较"一千万日元电影"更为苛刻，似乎他从 ATG 身上不可能得到更大的启发。

然而，这是不符事实的观察判断。若松孝二在ATG麾下的配给作品有1972年的《秘花》，而属于"一千万日元电影"谱系的合拍片有1972年的《天使的恍惚》（由足立正生出任演员）及1977年的《圣母观音大菩萨》。那或许都不算是导演生涯中最重要的作品，但他与ATG的交往契合，却对未来的成长发展有重要影响。《天使的恍惚》更是成为社会焦点的重大话题作，正如四方田犬彦在"我所知道的ATG两三事"中的忆述，1971年至1972年是ATG的转折期，而《天使的恍惚》正是导火线。电影讲述使用炸弹的恐怖分子在袭击了美军基地之后，陷入孤立的悲壮故事。拍摄期间，在离电影院不足一百米的派出所，发生一颗挂在圣诞树上的炸弹爆炸，结果造成多人伤亡。有人煞有介事散播谣言，指爆炸发生后看到可疑男女逃进天蝎座。媒体立即开始发动对ATG的狂攻猛打，力劝中止《天使的恍惚》的拍摄。然而ATG及若松均没有低头让步，导演更作高调反击，倡言大家要留意"事件背后更大的危险，就是战争的暴力"。作品终在1972年3月公映，引起社会巨大的反响。

　　尽管若松孝二竭力还击，但《天使的恍惚》对他的打击不可说轻。往后的数年中，若松重回粉红映画的脉络，拍出来也只属一般水平的软性色情片，再没有什么话题作品涌现。而参演《天使的恍惚》的足立正生，更干脆远走海外销声匿迹，连同三岛由纪夫的剖腹自尽，社会整体已弥漫理想主义不再的浓烈气息。事隔五年，若松孝二才再与ATG合作拍成《圣母观音大菩萨》——那是一部奇特的电影，导演从八百年长生的八百比丘尼传说中撷取意念，在一个沙滩上描述一名拥有不老不死身、恍如圣母般存在的菩萨女子，通过展示她慈爱的情欲来进行人间修炼。在Thomas Weisser及Yukio Mihara Weisser合著的《日本电影百科：性电影》（*Japanese Cinema Encyclopedia: the Sex Films*）中，对此片推崇备至，甚至形容为"当代电影中运用隐喻及象征主义的教科书式示范作品"。不过，由于未能亲眼目睹，唯有就此打住。

然而，我想指出ATG对若松孝二最大的启迪，个人认为是在业界的运作模式上。事实上，若松孝二与ATG脱离合作关系后，仍然创作不断，且杰作丛生，所以ATG提供拍摄电影机会的功能，对若松而言已不算太关键。在"从粉红映画出击——无论从什么边境出发均做好出击准备"（收录在《若松孝二全发言》）中，直言踏入1980年代后，社会的监察更巧妙——表面上对表现活动好像趋向极度自由，然而深层内思想统制却更加内化、不易察觉。面对整体社会的大气候，若松当然明白无法螳臂当车，于是参考ATG的运作模式，在名古屋开设了一所迷你电影院"电影学堂"（cinema skhole）——只有五十九个座位，却默默地继续支持独立自主的作品，让它们保持有面世的机会，同时也成为个人创作的基地。事实上，若松孝二离世后，他的遗作《千年的愉乐》于 2013 年 3 月 2 日在"电影学堂"公映[1]，也算是对创办人的致意，同时点明 ATG 的精神在某种程度上仍薪火相传。

森田芳光与 ATG

森田芳光的情况较为特别，他与 ATG 的交会点只有《家族游戏》（1983）一作，但却被公认为个人及日本当代的经典代表作。而他冒起乃至 ATG 当时身处的80 年代，很明显过了高峰期，社会整体气氛也流向逸乐奢靡，消费主义高扬，严肃的文化产业可谓陷入空前的困窘局面。

四方田犬彦指出后期接手 ATG 出任社长的佐佐木史郎，与前行者有明显的差异。他差不多对所有的成名

1　公映时间等资料来源于豆瓣网站，链接为：http://movie.douban.com/ subject/6952837/。

导演均弃而不用，改为大胆擢用名不见经传的新人导演。他由粉红映画、学生电影乃至日活的低成本制作中，用心留意发掘有潜质的新人，而森田芳光正是适时而起的其中一人。在内容题旨上，ATG 过去予人沉重的历史气息，协制作品流露浓厚的无政府主义及反社会倾向，佐佐木则一改此风，为 ATG 作品注入轻松愉快的活力和生气。

佐佐木史郎在"刺激的野心满溢新电影"中，便剖陈了自己的掌舵法则。他自言 60 年代与友人看过《绞死刑》后，大家不禁慨叹若没有此片的存在，一定会上街抗争云云。但到了他接手 ATG 的时期，电影业界与过去的状况已大有出入，甚至世间舆论有不少人也认为 ATG 的时代任务是否已经终结。他指出 60 年代 ATG 出现之际，受益于导演及作品遭受企业制约的环境，于是提供一条出路让大家释放激情和活力，因而大放异彩。但到了 80 年代，制作和配给的关系已大幅改动，而企业与独立制作也不能再以二元对立的观念去看待。简言之，"企业等同俗流的娱乐电影"以及"独立制作等同良心电影"之类的定见已经不合时宜，电影业界整体上均趋向冰河期，所以寻找新变是不得不正视的必然取向。

森田芳光在"制作世界级水平的电影"中自言，佐佐木史郎正是对他在角川麾下于 1981 年完成剧场版处女作《之类的东西》很感兴趣，认为具备当时日本影坛没有的新鲜感，于是提出合作的建议。森田忆述最深刻的印象，是佐佐木社长直言愿不愿意一起合作去拍出世界级的电影——正因这样的豪言壮语，才有《家族游戏》的经典产生。

回头看来，虽然说80年代的ATG已转型且减轻作品的沉重气息，但用心留意的观众，理应明白那不过是形式上的求变，从而把内容上的重量用反讽方式予以轻化，但针对问题的反思目光，其实锐利如一。《家族游戏》是极佳的例子，借一个小康之家的日常生活，把社会整体追求的安逸和谐，以毫无沟通的漠然来带出反讽，令大家思考追求的是否就是这样的家庭关系。当然，通过松田优作饰演作为局外人介入家庭的家教老师，进一步把外来异化的"标准"，植入大家恪守的空间内，然后再仔细检视当中的奇幻变化。这部电影从来没有脱离社会关怀的ATG气息，只不过继续在艺术探索的路途上展现新变罢了。

寺山修司的时代结语

长篇回溯了四位近年离世的日本巨匠与ATG的交

会关系，当然旨在点明由 60 年代至 80 年代，一众有志的电影创作人如何契合承传，在各自的艺术生涯中蜕变。当然，生有时死有时，任何人的逝世都不可能改变现实的一点什么，可能的只是一种精神的流芳。

事实上，或许一切就正如寺山修司所表述的虚无感慨。他自言当初是 ATG 员工的葛井欣士郎在电影院内的咖啡店与他遇上，于是攀谈下开展了由《番茄酱皇帝》（1970）起步的合作关系（寺山修司于 ATG 麾下的协作片为 1971 年的《抛掉书本上街去》、1974 年的《死在田园》及 1984 年的《再别方舟》）。可是对他自己而言，寺山修司认为 ATG 正是“艺术电影的墓场”，同时也是由 60 年代至 70 年代反主流文化的墓场。而他与葛井先生，往后也没有再碰面。在小市民秩序恢复的同时，街角横巷却满溢笑容。

就是这样，一个时代以及几颗闪亮的明星远离我们，堕入灵光消逝的岁月。

《燃烧的灵魂》影像与小说对读

被誉为"暗黑女王"的桐野夏生，经历一大堆走偏锋的阴冷写作后（如《OUT 主妇杀人事件》、《异常》及《残虐记》等），于 2004 年开始在《每日新闻》晚报版上连载以老人生活为焦点的《燃烧的灵魂》，并在 2005 年结集出版，大体上被推许为桐野转型及趋向更成熟的代表作。

小说的由来及影像转化

在 *Aera* 与作家重松清的对谈中（《每日新闻》2005 年 8 月 25 日刊），桐野提到《燃烧的灵魂》的女主角敏子，原型正是自己的母亲。她母亲于 64 岁时成为寡妇，而直至 74 岁离世前，基本上都是一个人过活，经历与敏子因丈夫遽然仙游后的景况相若。正因为此，她希望把当中女性熟年的解放心路加以捕捉、描绘，尤其是母亲一代可谓属贤妻良母式的专业主妇黄金年代，她们的故事大抵上不可能在桐野自身的世代上发生。

事实上，熟年女性的老后生活，在2000年代于日本的社会媒体也逐渐成为世间的关注焦点。女性主义者上野千鹤子于2007年出版的《一个人的老后》（东京株式会社法研出版），甫出炉便成为超畅销作，其中以切实具体的笔触，去为熟年女性处理老后生活作逐项的探讨和关注。现在回头来看，《燃烧的灵魂》的内容几乎可看成《一个人的老后》的小说版本。后者提及子女邀请父母同住，直指大部分均是以自我中心为出发点，由基于人情面子而不得不装出孝子模样，乃至窥伺父母身后的遗产，甚至凉薄地连父母供退休用的年金也不放过，当中的具体情况差不多在小说中都有详尽的对应描述。尤其在一家之主隆之死后，旅居美国多年的儿子彰之回国奔丧后步步进迫，既向母亲敏子提出回来同住方便照顾的要求，同时又借口此乃父亲生前对他的遗训，更重要的是在母亲首肯之前，早已安排好房子内的调动安排（自己一家四口与母亲的起居作息范围），甚至更不知廉耻地直言要求母亲把部分年金挪出来补贴家用。以上情节不啻是团块世代熟年女性的现实贴身刻画写照（团块世代在日本指1947年至1949年出生的一代人，是第二次大战后出现的第一次婴儿潮。他们被看成为日本于60年代推动经济起飞的主要动力，而踏入2000年代后，这一代有超过七百万人将陆续退休，而且不少人更加拥有丰裕的物质基础），大抵也正因为此，《燃烧的灵魂》出版后不久便数度被改编成影像播放、上映。

电视版于2006年10月21日至11月4日播放，属NHK"星期六戏剧"环节下的作品，共分成三集。而电影版则由阪本顺治执导，属第十九届东京国际电影展竞赛部分的参选作品，后来于2007年1月在日本全国公开上映。

电影的导演臆想

阪本顺治虽然不属于极为著名的日本导演，但也属中生代的重要人物，而且一度成为备受期许的实力派代表。他的作品基本上无缘在香港公映，较为著名的《末路奇花》（2000）及《绑架金大中》（2002）则曾以影碟发行，风格为于保留娱乐元素之余兼备个人风格。不过我对于由他去改编《燃烧的灵魂》很有保留，因为他从来都属阳刚味十足的雄风导演，由成名作《铁拳》（1990）开始，乃至继后的《拳手阿祖》（1995）、《新·无仁义之战》（2000）等，均充分反映擅长的风格与流向。虽然《末路奇花》属于以女性为中心的作品，但主人翁正子通过杀害一直欺凌她的妹妹由香里，踏上流亡之路才得以开始新生，这基本就是把过去雄风刚烈世界置于女性身上的易位、偏锋作品。当然，我绝不怀疑那正好成为促成他与暗黑女王桐野夏生一拍即合的契机，事实上刚才提及的《末路奇花》的本事，大家不难发现精神上与桐野另一异色作《对不起，妈妈！》（2004）大有暗合之处。

然而阪本顺治对《燃烧的灵魂》的改编，我认为超出了他擅长的范围。《燃烧的灵魂》当然有"暗黑"成分（下文详论），但表面上仍属现实气息浓烈的小说文本，不宜糅合异色元素在内。事实上，阪本顺治于电影中添加小说本无的情节部分，正是我觉得最捉错用神的地方。

小说交代因为彰之的咄咄逼人，令敏子甚为气愤，一怒之下离家出走，并一个人跑到胶囊旅馆打算体验一下生活。在旅馆门口有一年轻女子向敏子搭讪，然后再一同上去，本来此角色一蹴即逝，但阪本就把她改装变形——成为一位自力更生的戏院放映师。阪本一方面按小说原著的发展描绘敏子进入重新认识世途的模式，却又同时把放映师看成重要的钥匙人物。阪本刻意把放映师作为敏子的人生目标，一方面是经济独立及重新投入劳动市场的象征，同时反省人际网络的局限（反衬同窗好友的四人组——荣子、和世及美奈子的经验盲点），于是着意去认识不同背景去拓展人生领域。（在放映室中敏子更不自觉地自嘲：哪有这么容易认识新朋友？）

那当然是明晰不过的导演寄托——通过电影去重掌人生，因为先前在和世家，早已加插一段原著本无的片段，就是和世藏了当年四人学生青春时期的短片，后来敏子借回家反复投影播放。因此对敏子而言，成为电影的放映师不啻就是重燃青春的对应象征。于是电影中安排敏子去一所成人电影院中学艺，本来她十分犹豫（阪本还着痕迹地把电影院名为伊藤座，而伊藤正是敏子在丈夫死后才知道他情妇的姓氏），经灌醉自己后才敢去拜师，剧终前终学成上手，终场前正是敏子在放映室播放维托里奥·德·西卡的《向日葵》（*Sun Flower*，I girasoli；1970），还刻意地挑选了马塞洛·马斯楚安尼及索菲亚·罗兰最终告别的一场作对照——电影中两人经历战乱，经过一轮纷扰的阻隔，本来一双情比金坚的恋人，各自有了自己的人生及下一代，告别时正好肯定各走各路的抉择，彼此终踏上自决的人生新一页。阪本由始至终刻意把电影的"成长"隐喻强加于敏子身上，那显然是导演的个人臆想，把人物的具体背景掏空，以空降的枝节来为改编者圆梦。

"隐居"的梦魇

我指出版本顺治的圆梦式改编,并非指内里的象征系统出了破绽(反过来陷于太过拿来主义式的经营),而是令桐野小说的核心精神荡然无存。我认为同属出色小说家的柳美里,在与桐野夏生的对谈中(《文艺》2007年夏季号),便曾提出发人深省的睿见,道破桐野世界两面性的辩证关系。她指出桐野的小说可分为"白色小说"及"黑色小说",被划分为白色小说的《燃烧的灵魂》,其实骨子里流露的是黑色小说的血脉。它的"黑色"在于登场人物的恶意迸发,于一瞬间把黑色扩散开去,当中的恶意是有浓淡不同的变奏层次区别,而且黑色不只从小说中溢出,甚至在阅读的过程中,于读者深心处也逐渐浮现出其中的黑色,那才是令人感到恐怖、战栗之处。柳美里的分析正好直指桐野小说的核心所在,《燃烧的灵魂》当然不是没有给予团块世代熟年女性的自力更生以期许及想象,但那显然不是作者的焦点重心。小说逐步引人入局的始终是人际关系的分崩离析,由家族开始先有丈夫隆之的背叛,然后是子女不同程度囿于自私、贪婪的逼迫,但其中又饱含柳美里所云的不同程度变奏。我认为敏子与女儿美保的关系正是原著中的一大亮点。美保本来站在母亲那方,对兄长彰之的自私不以为然，但一旦知道有机会可以分财产后，态度又变得暧昧、犹豫，直至母亲在两人独处时向她迫问，才不情不愿地道出心曲："我也有我的困扰，光要解决那些就很忙了，所以我也了解妈的辛苦。虽然会想帮忙，可是我还是会把自己的事摆在前面。"当中正好道尽即便同属一家人，但人人有本难念的经之道理，从来也亘古不变，最终大家还是要独活终老。

桐野在《燃烧的灵魂》中成功的地方并非廉价的社会资料所能交代，那部分的工作留待上野千鹤子用报告评论方式来进行，那样更准确有力。作为洞悉女性心曲的小说家，她的过人之处正是精准捕捉关系解体中的忧虑及恐惧感，而在认识现实的冷酷无情后，不得不逐步调节自己的心理变化以适应世道混下去，那才是令人心寒的启发，而绝非阪本顺治提供的廉价治愈系式情节安排所能替代。

群像的解体

坂元佐织在《桐野夏生"燃烧的灵魂"论》（台大日本语文研究第 16 期，2008 年 12 月）中，便准确地点出敏子面对人际关系的分崩离析，肇端其实主观及客观元素兼备。她引述小说中的情节，当彰之表示同住后，母亲可以过隐居生活了。而敏之对"隐居"一词其实如遭电击，登时出现身份危机，而对照点正是一直被视为自己安全网的手帕交四人组——"人家美奈子现在还是专职的主妇，和世是精品店的老板，至于荣子也正忙着四处玩乐呢！"很明显"主妇失格"的现实，令敏子的心里顿时生出无底的黑洞深渊。而当美保提出母亲可以去替代自己于便利店的兼职位置，敏子那时才发现自己的市场价值："时薪是七百五十圆，敏子再次思考起自己的价值，一个什么特长或优点都没有的五十九岁寡妇的价值。"以上的主客防卫机制的塌陷，恰好成为"似白实黑"的切入关键所在。

所以我认为桐野在《燃烧的灵魂》中，最精彩的仍在于数场群戏的布局及摆弄。其实自《OUT 主妇杀人事件》开始，大家对桐野处理女性群像的场面，大抵早已留下深刻印象。在敏子、美奈子、和世及荣子的四人组中，其实承接了《OUT 主妇杀人事件》的反衬脉络安排，表面上两次出现的女性四人组均是相濡以沫的守望相助小集团，但发展下去才明白到彼此的伤害均较外力的侵迫来得还要致命。正因为彼此太过熟悉，于是一旦出手要置他人于死地，就更加易如反掌——荣子抢去敏之虚幻第二春的对象冢本，和世提出请敏子做店员不过一派谎言，乃至美奈子的表面持平、实质立场分明的处事态度，等等，凡此种种都属桐野擅长及爱写的笑里藏刀场面。

最后一章"燃烧的灵魂"的确属集大成的高峰。最后的试食会上，四人组与今井及冢本的交谈处处暗藏机锋，大家谈兴数度起起落落，由门面说话到自揭疮疤，然后又有相互调侃，可谓锋芒尽露，更把这一票新知旧雨的面目来一次尽情的揭破（四人组手帕交固然是敏子一贯以来的安全网，而冢本与她又有一夜情，今井也明示了对她有意，可谓所有以为对自己重要的人均列席左右）。然而我更感惊讶的是，桐野终局前的釜底抽薪一着，那就是冢本发现在老人杂志上，有人把他与敏子的交往写了出来。他向敏子求证，敏子登时明白自以为推心置腹的另一新识佐和子，原来也是一丘之貉。不过更悲凉的结局，却是以下的数行："她决定明天要好好整整佐和子。不过敏子也对自己的转变感到惊讶，要是以往的话，自己大概会觉得被朋友背叛了吧。"

是的，那正是桐野的暗黑真义——要在俗世混下去，首先必须要一头栽进染缸，不分老幼、不分性别，才有苟活下去的契机。所以团块世代熟年女性的梦魇从来不是经济上的问题——"你黑得下去吗？"